経理事務員は、なぜスターになれないのか？

これから経理事務員の逆襲が始まる

佐藤 克行
Katsuyuki Sato

税務経理協会

はじめに

巻に出回っている簿記・会計の教科書は大変不思議な代物です。なぜなら、そこには事務処理の方法や、決算報告書の作り方については懇切丁寧に書かれているのですが、経理事務員がスターになる方法はどこにも書かれていないからです。

私の目が悪いのか頭が悪いのかは別として、その手の本に出会ったこともなかったのです。

社長の仕事と言えば、会社のミッションをハッキリと決めてそのミッションを一生かけてお客様に伝えることであり、製造部員は、そのミッションを商品やサービスにし、営業部員はその商品やサービスの素晴らしさをお客様に説明することであるならば、経理事務員の仕事は、これらの経営活動の結果を、数字によって処理したり、まとめ上げたりするのが、今までの経理の仕事でした。

言うまでもなく経営は数字がすべてであり、その簿記・会計は、経営活動の結果を数字によって写し出すためのルールなのです。

ですから「事後処理」として数字をまとめたり決算報告書を作ったりすることは、至極当然の話であって別段、何の疑いの余地も疑問もないように思うところです。

しかし、そうでもなさそうです。

この問題提起がこの本を書くことになった強い動機づけになっています。

私の人生も早いもので、経理事務という仕事に携わって早45年が過ぎようとしています。この期間に五〇〇社を超える中小企業の会計監査業務をやらせていただいて、何時も思うことは、このまま「事後処理」である事務処理作業だけで一生終わっていいのか、と言った疑問と焦りを持って今まで仕事に忙殺されながら生きて来たことです。

現在、わが国には、二七〇万社を超える会社が存在しているのですが、実は、その内の約7割が赤字であることが国税庁の発表で明らかになっているのです。また、このような状況でありながら、企業不祥事や一部の権力者による企業暴走が後を絶たない現状を見るにつけ、経理事務の無力感を感じずにはいられないのです。

本来であれば、社長の良きアドバイザーであり、女房役を勤めつつ、お金の金庫番的役割を果たし、会社が目指すべきミッションを共有し協働する仕事をしなければならないし、そのような立ち位置にいるのが経理事務員の仕事ではなかったのではないのでしょうか？

この無力感、または、無能力感はどこから来ているのでしょうか。

教育が悪いのか。

教科書が悪いのか。

それとも教師が悪いのか。

これらの犯人探しは別として、この問題の本質は、こと経理事務員の話に留まらず、全産業・全職業に通じる根本的原因を支配していることが、多くの会社を見てきて徐々に分かって来たのです。

企業は、数字で生きる生き物です。

この数字は企業行動の結果として導き出されたものですが、その行動には「動機づけ」があって初めて成り立つものです。しかし、その動機づけがテクノロジーの発展によって劇的に変化しつつあるのです。

どう変化しているか、と言うと、人間の欲求が物から心への変化、つまり、物質的欲求から心の満足への欲求へと変化しているのです。この価値観の変貌は、人々の消費行動を、根底から変えると同時に、資本主義経済を流れる基本概念さえも変えるほどのパラダイムシフトが起こっている、と言うことです。

その劇的な価値観の変化とは、「数字＝お金」から「数字＝お金以外の価値」と言うことなのです。

ご存知のように、簿記・会計の基本原理に「数字＝お金」と言ったルールがあるのですが、そのお金と変換ができる価値とは、物であったり権利であったりしたわけです。しかし、その簿記・会計的な価値の概念が根底から揺らぎ始め、徐々に時代にそぐわなくなって来たのです。その現われが、米国を中心とする巨大ＩＴ企業への情報の集中化や、物や権利以外の価値を、上手に商品などに取り入れた企業の爆発的な成長だったのです。

それではいったい、資本主義経済の根底を変えるほどのお金以外の価値とは何なのでしょうか。

もう一度、問題提起の整理をすると、会社の行動結果はすべて数字によって写し出されると言った話をしましたが、その行動は、何か動機づけがあって初めて行動する、と言った話でした。

で、その動機づけは、お客様の悩みを解消してあげることがすべての出発点だったのです。結局、企業の目的は悩みを解消してあげて「お客様を喜ばせる」と、言うことだったのです。それ以外に企業の目的などなくて、お客様への視点を無視した経営は必ずどこかで破綻します。しかし、そのお客様の価値観から出て来る悩みは、時代の変化とともに劇的に変化していてそこをうまく刺激した企業だけが生き残っていくことは分かっているのですが、その「お客様の悩み」を見つけ出すことは、口でいうほど簡単なことではないのです。また、うまく見つけ出したとしても、それを商品やサービスにどのように組み入れるかも難しい問題なのです。

しかし、それらの問題は難しいからと言って絶対に避けて通ることはできず、企業も、そして、企業を支える従業員もこれらの問題を解消しなければ生き残っていけないのです。人々の価値観が「物から心へ」変わりつつあるのであれば、お客様に商品やサービスを提供する企業の価値観も変わらなければいけないのです。

さて、ここまでの問題提起に対して経理事務員に何ができるのでしょうか。また、何をしなければならないのでしょうか。

実はこの深い探求こそが、経理事務員であってもスターになれる秘訣が隠されているのです。詳しい話は本文に譲るとして、ここで内容の一部を紹介すると、経理事務員は企業行動、すなわち、お金の流れのすべてを把握することができる立ち位置に立っている、と言うことです。たとえば、製造工程ではコスト管理などが必要になるし、販売業務では、利益意識や回収管理などを通してお客様の特性や属性を知ることなど、あらゆるビジネスシーンに経理事務員は携わっているのです。

これは、経理事務員にとって最大のビジネスチャンスでもあるのです。

このスタンスに立って経理事務員の仕事を眺めて見れば、そこに「事務の後処理」や「決算報告書の作成」だけを無難にこなしていれば自分の仕事はそれで終わり、と言った発想は出てこないはずです。また、他の部門の仕事を理解したり敬意を持って接することは、逆に、経理事務の仕事を理解してもらうための第一歩であり、あなたがスターを目指すのであれば絶対に外してはならない条件になるのです。

「我が国の経済は、依然として古い時代のルールに従って動いている。たとえば、自動車であり、家電である。いずれにしても、主に一九二〇年代にルーツを持つ産業である」とは、P・F・ドラッガーの言葉ですが、続けて、「明日を生きるのであれば生物学や遺伝学にも産業の基礎をおかなければならない」とその著書の中で言っています（P・Fドラッガー、『ポスト資本主義社会―二一世紀の組織と人間はどう変わるか』、ダイヤモンド社、一九九九年九月一〇日二一版発行、二ページを筆者が一部修正）。

このドラッガーの言葉をそのまま受け入れるのであれば簿記・会計の世界も一四九四年のルカ・パチョーリ（世界最古の複式簿記の原点）で止まっているのかもしれません。いかなる産業も脱工業化社会といわれ、そこで働くホワイトカラーを代表する経理事務員の仕事も、ここ数年でその仕事の内容が以前の原型をとどめないほど変わる可能性がでてきたのです。しかし、残念なことに、これらの課題に対してきちっとした解答は経理業界から出ていません。だからと言って、ただ口を開けて静観していては、残念な生き物として絶滅するしかないのです。

私はいやです。絶滅したくはありません。だからこそ、この本を書いたのです。

ただ、稚拙で浅学であるため、これらの問題提起に対して満足のいく解答が私にできるとは鼻から思ってはいません。しかし、問題提起だけはできるはずだし、その問題提起から仮説を立てて検証までは私の考えでできるものと思っています。

さて、ここでの仮説の組み立ては、短期間に急成長を続けている巨大ＩＴ産業の検証から始めることになります。なぜなら、これらの産業ほど「リスト」の取り方が上手い業種がない、と考えているからです。

もちろん、ここでの「リスト」とは、お客様情報を集め、それを分析しデータ化したものです。このデータには、企業が一番欲しがっている「お客様が何を考えどう行動したか」と、言った貴重な情報が多く集められているものです。

この情報の集め方、さらに、集めた情報の分析や利用の仕方がＩＴ産業ほど突出しているものはない、と考え、今回のサンプリング企業としました。

これらのデータ情報の取り方や利用の仕方を分析し、これを経理業務を生業とする経理事務員に応用していただくことが、この本の最大のミッションになるのです。

ドラッガーの指摘を受けるまでもなく、簿記・会計の理論それ単体では無力なので敢えてそこに行動科学や心理学といった理論を融合させてみることは、実務的に大変意義のあることと思います。

「企業活動の結果がすべて数字に表れる」とは言っても、企業活動は「生身の人間が行動した結果」でもあるのです。であるならば、企業行動の前に、人間の行動を知ることがダイレクトに企業の業績評価に繋がる、と言っても過言ではないのです。

さて、この原稿の執筆中にショッキングなニュースが飛び込んできました。それは、「新型コロナウイルス 中国 武漢という都市から発症」と言うものでした。

この発表からわずかな期間に、この感染病は、あっという間に世界中に拡散していったのです。

これを契機に私達の生活や仕事環境は、過去の経験を塗り替えるように激変してしまったのです。しかし、どんな状況になろうとも私達は「何かを売って一生食べて行かなければならない」のです。その「何か」は、今回のように環境の激変によって変わる場合もあれば変わらない原理原則もあるはずです。いずれにしても、「何か」を売って生きて行かなければならないことは確かなことであり、さらに、ただ生き延びれば良い、と言うのではなく、「スター」になって生き延びて行かなければならないのです（人生は一度きり）。

この本があなたの人生にどれだけのインパクトを与えることができるかどうかは未知数の部分が多々ありますが、しかし、考え方や行動の出発点としては十分期待に添えるものと思っているし、あなたのさらなる努力によっては、この「スター理論」は、精度の高いものに昇華するものと、いささか、自負しているところです。
では、早速、第一章から始めることにしましょう。

二〇二〇年　四月七日

著者　佐藤　克行

目　次

目　次

第一章　経理事務員が
スターになるための条件

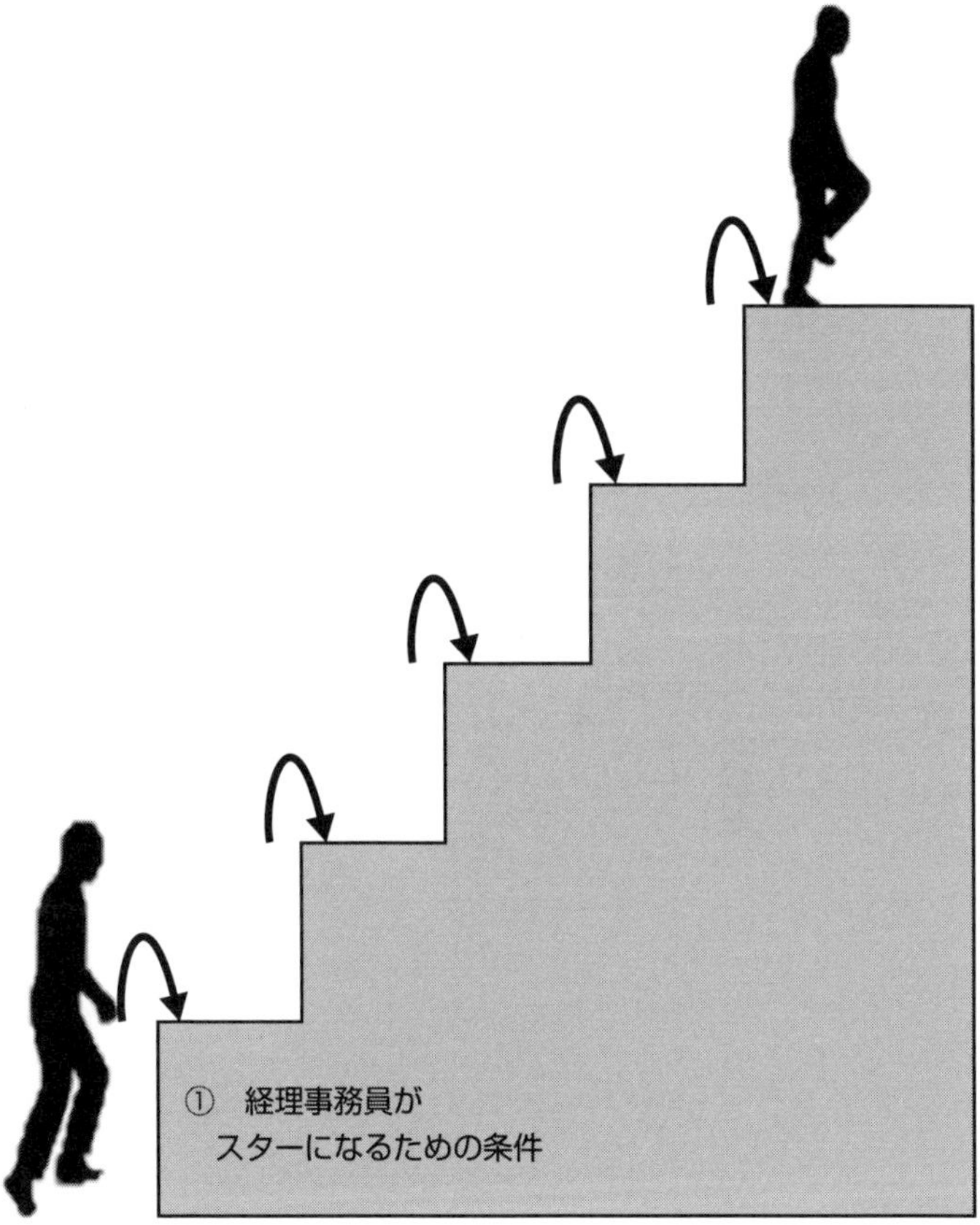

一　スターになるための心構え

スターは花形のことです。

しかし、私達が目指すスターは世間が感じているスターとは違っていて、有名になるとか表舞台に登りつめると言ったイメージではなく、裏舞台で活躍する名参謀であり影武者のことなのです。

今まで会社のスターと言えば、カリスマ社長を筆頭に、ヒット商品を連発する製造部員や開発部員であったり、また、その商品を販売する敏腕営業部員だったりするのですが、では、経理事務員の仕事であってもそこにスターになり得る可能性はないのでしょうか。

いえいえ、そんなことはありません。

経理事務員であっても、スターになれるし、ならなければいけないのです。なぜなら、経理事務員がスターになることは、会社が永続的に成長する前走条件になるからです。

経理事務員の仕事は、ほかの部署と違って物を扱う、と言うよりは、社員の活動結果である「コト」や「流れ」を扱ったり、「お金」を扱ったりする特殊性を持った仕事であるのです。ですから、経理の仕事には知識的なものと、技術的なものの両面が強く求められるのです。

たとえば、製造部でも、営業部でも、その仕事に就くために資格などはそれほど重要視されませんが、経理部は簿記・会計の資格が必須になってきます。

これには理由があって、簿記・会計の重要な目的の一つに最終的に決算報告書を作ると言った大仕事が待っているのですが、この決算報告書は、あるルールに従って作成されているのです。このルールが、会社によってバラバラであれば、課税などの問題について非常に不都合が生じるわけです。この不都合を払拭するためには、共通のルールが必要になってくるわけです。そしてこのルールは法律によって決められているのです。たとえば、会社法や税法といった法律です。

このように、法律によって担保される決算報告書があるからこそそれを信用して投資や融資、そして課税権の実行が成り立つわけです。ですから、これらのルールを知識として習得するために資格が必要になってくるのです。

以上、見てきたように経理事務は他の部門と比較すると非常に特殊性をもった部門ということが言えます。しかしこの特殊性がゆえに他の部門の人々を苦しめる場合もあるのです。

それは、経営活動の結果が数字によって表現されることの特殊性がゆえに、ミッション、行動計画、そして業績評価のすべてを数字によって作成するところにその原因があるようです。

簿記・会計の知識は、「経理部の人々の専売特許ではなく、組織に関わる人々全員に必要な知識である」と、言われて久しいのですがその知識がなかなか社員に浸透することなくかえってその知識（武器）を使って一般社員を「煙に巻く」と言った困った行為が横行しているのです。これでは、会計情報が各部門の人達にとって有益な情報である前にまったく情報として機能していないし共有されていないことになるのです。ですから、この有益な会計情報を社長を始め一般社員に浸透させて組織内の共通言語として機能させるためには、経理事務員であるあなたの責務が非常に重要になってくる、と言うことです。また、「私は経理事務員だから経理以外の仕事は私には関係がない」とは絶対に思ってはいけないし、そのような行動をとってはいけません。

もう一度言いますが、簿記・会計は経営活動の結果を数字で表現したものです。そして、この経営活動の中味を分解すると、商品製造（商品仕入）→商品販売→代金回収と言った一連の流れの中で成りたっているのですが、この流れの数だけ関わる人々がいて、この数だけ組織があると言うことです。そして、組織の人々が動けば当然のようにお金も動きます。これが経営活動の結果を数字で表現する、と言ったことの本来の意味なのです。

これを踏まえて経理事務員の仕事を眺めると、実は、経理事務員ほど経営全体の流れを俯瞰して見ることができる立ち位置にいる仕事はないのです。この立ち位置に立って、経理事務員に何ができるかを考えると、まず最初にやることは、製造部あるいは営業部の人達の仕事を理解することから始まります。

先ほども話したように、経理事務と言う仕事は非常に特殊性のある仕事です。と言うより偏っている、と言ったほうが正しいのかもしれません。経営活動の結果を数字によってまとめ上げた決算報告書と言った書類情報だけで業績を評価したり投資判断をしたり将来の予測をしたりすることの偏りと限界を感じつつ、いかにしたら会計情報が社内の共通言語として機能するのか。この問い掛けは経理事務員にとって大変重要な意味付けを持つことになってくるのです。

いずれにしても数字を扱う経理事務員は、「数字のごり押し」をするのではなく、各部門の仕事内容やそこで働く従業員に対して、尊敬の念を持って接するように努力してください。このような態度があって初めて経理事務員であるあなたが発する会計情報が相手に受け入れられると同時にあなたがスターになるための最低条件になることを心得るようにしてください。

ビジネスの世界は、「相手を理解してから自分を理解してもらう。つまりギブ＆テイク」の世界で成り立っていることを理解するようにしてください。

二　スターになるための勉強方法

スターになるための条件としてまず最初に勉強方法について話をしておかなければなりません。なぜなら、このまま今までのような勉強を続けていても永遠にスターになれない、と思っているからです。

ご存知のようにわが国は「資格至上主義」の国と言われています（誰が言ったのか）。その資格の種類の多さ、そして、一つひとつの内容のボリューム感や合格率の低さが他の国の資格制度を圧倒しているからです。

以前に私は、米国の「ＣＰＡ」と言った資格を受験のために調べたことがありました。この資格は日本の公認会計士資格と同じような資格で米国の州ごとに制定されている資格であった、と記憶しています。ですから、たとえば、ニューヨーク州で取った資格はニューヨークでしか使うことができない、と言うことでした（現在でもそうであるかどうかは確認していません）。しかし、その制度以前の問題として合格率の高さに驚いた記憶が残っています（その当時で30％程度の合格率であったと記憶しています）。

これにはビックリでした。なぜなら、日本の公認会計士の試験合格率は数パーセントだったからです。さらに、受験科目の多さとそのボリュームの多さに圧倒されていたからです。

これらは国の事情もあってのことでしょうが日本の資格制度は資格を取るまでのハードルを高くして「狭き門」にすることにより入り口を絞るやり方、片や米国の資格は「広き門」にして間口はそれほど絞らず、資格を取ってから資格保有者同士を競争させるやり方です。どちらが良いかは議論の分かれるところですが、いずれにしてもメリット、デメリットがあります。

たとえば、日本のやり方ではある程度、質の高い資格保有者が誕生するのですが、多少言葉が悪くなりますが資格取得後に努力を怠る傾向が見受けられるものです（もちろん、大変な努力家の先生方もいらっしゃいますが）。

一方、米国の場合は、間口が広いだけに質の低下は避けられません。その分競争原理が働いてお客様に支持された者だけが勝ち残っていく論法になっているのです（いかにも米国らしい）。どちらにしても一長一短があることを認めつつ、どうしても日本のやり方で譲ることができない点があるのです。私は、この「気づき」をある本との出会いで発見することができました。その本とは、元神奈川大学教授の田中弘先生が書かれた『会計学の座標軸』と言う本だったのです。

田中弘先生は現役の大学教授でありながら公認会計士の試験委員や日本会計研究学会評議員などを歴任された方でありますが、その先生が先ほど紹介した本の中で大変興味深いコメントを書かれているので、ここで私が本文の一部を修正して伝えて行きたいと思います。

それでは早速話を進めることにします。

会計教育に限っていえば日本も米国もその内容には大差がなくそのほとんどが「会計士会計学」になってしまっている、と言った嘆きから始まる文は次のように続いています。

> アメリカも日本も、「会計士を養成するための教育」に力を入れてきた。どこの大学にも、簿記の講義があり、入門の会計学の講義があり、原価計算、監査論、財務諸表論という科目がある。これらの科目がすべて、公認会計士試験の科目と同じ名称であるのは偶然ではない。どこの大学にも、会計士試験の科目を網羅することにより、会計学を体系的に教えることができると考えたのである。今から思えば、誤解であった。会計士試験の科目は、試験を受けるための科目であって、決して投資家やアナリスト、そして企業の経営者にとって役に立つ会計知識ではない。つまり、かなり偏った知識になっている。～（中略）～皮肉っぽくいえば、わが国の会計学の講義は、「財務諸表の作り方教室」であった。だから、わが国の会計教育を受けた学生は、財務諸表を作ることができるのかもしれないが、それをどうやって使い役に立てるかを知らずに卒業してしまう。自動車学校に入って、「車の構造」は詳しく学ぶが、「運転の仕方」を知らないで卒業してしまうようなものである（田中弘「会計学の座標軸」税務経理協会、一〇ページ～一一ページを著者が一部修正）。

この文を読まれて皆さんは何を感じましたか。

田中弘教授の本に出会って、初めて「会計が役に立たないのはなぜか」と、言った長年の疑問が解けた思いがしたものです。役に立たないのは役に立たない理由があったのです。

続けて田中教授は、「会計士会計学」または「税理士会計学」ではなく、「国民の会計学」が必要である、と力説しています。会計の歴史や思想的側面を振り返って、「会計観」や「会計思想」とは何かを考えながら、もう一度、先達研究者が挑んだ「会計の熱き時代」を取り戻すことが必要である、と言われているのです。

その心意気に浅学の私がどこまで応えられるかは別として、数字を生業とする実務家の一人として、「企業の経営者などが本当に必要としている会計知識とは何か」また「意思決定のために役に立つ会計知識とは何か」と、言ったことを深く論究することは許された範囲であるものと考えています。

そういう意味では、私が述べる「経理事務員であってもスターになれる方法」は、従来の理論や勉強方法では得ることができなかった知識や技術を体得できるものなのです。

三　学際的勉強法とは?

私が「学際的」と言う言葉に出会ったのは数年前のことです。

この言葉を知って勉強の方法がガラッと変わったのを今でもハッキリ覚えています。

そもそも、学際とは、「国際」にならって昭和四十年代に作られた言葉で、二つ以上の科学の境界領域にあることで、一つの学問について他方面から攻める研究手法です。

たとえば、簿記・会計の研究対象は、最終的には内外に報告するための書類（これを財務諸表または、決算報告書と言います）を作成することであるので、会社法、簿記論、財務諸表論、さらに原価計算論なのですが、学際的に考えるのであれば、これらの科目を行動科学や心理学療法学から攻めることになるのです。また、税務署に提出する申告書作成のルールの理解には、法人税法や租税（法）学の勉強が必要なのですが、これに納税心理学（このような学問があるのかどうかはわかりませんが）などと言った学問から税法を攻略するのも面白いかもしれません。

なぜ、私がこれほどに「学際的」といった言葉に拘わるのでしょうか。

それは、今までの勉強法では今われわれが抱える問題に対処することができないからです。

その問題とは、自分が勤める会社の社会的意義とか自分がその会社に勤める意味、さらに、会社が生き延びるための条件などと言った経営の本質的な問い掛けに、何一つとして答えることができないからです。

そもそも、企業活動の結果の評価の仕方は財務諸表だけなのでしょうか。他に評価の仕方はないのでしょうか。もっと言えば、「なぜ、数字」と言うことになるのでしょうか。

これらの問い掛けに無力である今までの学問に他方面から攻めたり、足したりすることの意義は大変重要なことなのです。そうでなければ、前項で田中弘教授が指摘したように、非常に偏った学問になってしまうからです。

「運転免許証は取ったが運転ができない」こととか「パソコンは作れるがその使い方がわからない」などの例えと同じように、「簿記・会計の理論体系はしっかり勉強し財務諸表の作り方はマスターしたがその利用の仕方がまったくわからない」などと言ったことがあってはならないことなのです。

もう一度繰り返しますが、企業活動の結果は数字で表現されます。そしてその数字は、厳格な法律の規制のもとで作られることが要求され、さらに、そのでき上がった表は銀行や税務署が利用するのに便利なようにできているのです。しかし、この業績表は外部の利害関係者だけが利用するのではなく、経営をコントロールする内部の意思決定者に役立つものでなければならないのです。

で、あるならば、簿記・会計の理論が、財務諸表を作るだけの、または、事後処理専門家だけのものであってはならないのです。

この混沌とした経営環境の中を生き抜いて、永続的な成長企業を作り上げるためには、どうしても経理事務員の力を借りなければならないのです。だとすれば、それに応えるような教育システムや教育機関が必要になってくるのです。

今までの簿記・会計理論を批判することは簡単なことですが、そこで思考を停止させるのではなく、そこからさらに深く理論の限界点を論究する姿勢が大変重要になってきます。そのためには既存の理論を攻略するための「学際的」学習が必要になってくるのです。

では、ここで私が奨める理論の一部を紹介します。

そもそも、この理論の出発点は人間の「行動」に焦点を当てたもので「会計学と行動科学を融合したもの」になっているのです。これまでの会計は、主として「物」と「金」しか対象にしていませんでしたが、これからは経営資源で残された「人」を重視することが絶対に必要になる、と考えたからです。

「企業活動の結果を数字によって評価する」と言っても所詮、企業活動の根元は企業で働く人間の行動結果なのです。その観点に立って考えると、企業活動の結果の良し悪しは人間行動の良し悪しに比例するところがあるようです。何をもって企業業績の良し悪しを決めるかは、その企業のおかれた環境によって意見の別れるところですが、経営の必要条件の一つである利潤の追求（利益の確保）について言えば、その利潤追求のための合理的な人間行動と企業活動の結果としての利益計上のメカニズムには因果関係があるのかもしれません。で、あるならば、思いどおりの結果（目標利益）を得るためには、目標設定の段階からどのような行動をとればその目標が達成されるかを周到に考えて行動計画を立てなければならないことになります。

このように企業活動の結果を写し取った会計数値と人間行動の融合についての研究は、まだ年数が浅く確立された理論体系がないのが現状ですが、いずれにしても、企業活動といってもそこは、その企業で働く従業員の行動の集積であることは間違いないことで、いかに合理的に、従業員に対して思いどおりの結果が得られるような刺激を与えるかが、業績評価の正否を決める、と言っても過言ではないかもしれません。

このように考えると、学際的発想から生まれた会計学と行動科学の融合についての研究は学術的に大変意義のあることだし、経理事務員であってもスターになるための唯一の攻略法だと思います。

四　後方支援部隊

ここで、後方支援部隊の話をします。

この言葉は戦争でよく使われる言葉ですが、ビジネスの世界に取り入れて考えると想像以上に重要なことがわかるはずです。

戦時における戦略論でもそうですが、後方支援部隊ほど大事なものはないのです。前線で戦う兵士の生死をわける分岐点は、補助部隊の待機と補充、医療班の拡充、弾薬・物質の補充、そして食料の供給などを後方で配備することなのです。

ほとんどの戦略論でこの後方支援の話はされることはありませんが、この部隊があるからこそ前線で戦う兵士は最大の力を発揮することができるのです。

この話をビジネスに当てはめると、前線で戦う兵士が社長や営業部員であれば後方で支える社員が総務部員や経理部員と、言ったところでしょうか。よく経営の教科書には社員の区分けの話が載っていますが決まってそこでは社員を直接部員と間接部員に分けたりしています。そこでの直接部員とは、直接お客様と接する業務に携わっている社員のことをそう呼んでいるようで営業部員などがその代表例です。一方、間接部員とは、直接お客様と接する業務ではないが間接的に携わっている業務で、総務部員、人事部員、そして経理部員などがその例になっているようです。

しかし、この社員の区分けが私にはよく理解ができません。なぜなら、お客様に直接接するかどうかで社員を区分けすること、さらに、そもそも、お客様に直接携わるかどうかの以前の問題として仕事でお客様に関係のない仕事などこの世に存在するのでしょうか。

もう一度、仕事の目的を思い出してみてください。それは、「お客様を喜ばせる」ことだったはずです。これ以外に仕事の目的などあるのでしょうか。もちろん、ここでの「お客様を喜ばせる」とは、この本の全編を通してのミッションでもある「お客様の不を解消する」ことです。お客様が感じる不満、不便、そして、不安などをあなたが提供する商品やサービスによって解消してあげる。それによってお客様が安心したり喜んだりするわけです。これが会社を経営する最大の目的のはずです。この目的を実行するために社員の区分けが、なぜ必要なのでしょうか。お客様を喜ばせることに直接部員、間接部員などの区分けはまったく関係ないし、そもそも、お客様は商品やサービスを提供する会社の社員を直接部員、間接部員などと区別をして見ているわけではありません。お客様と接している社員はすべて会社を代表している社員なのです。それは、例え、お茶出しや電話対応であっても変わることはありません。あなたの電話対応の一言が会社のイメージを変えてしまうことを想像すれば、これらのことは容易に理解することができるでしょう。

これらのスタンスに立って経理事務員の仕事を眺めてみれば、営業部員ほど目立った仕事ではないが、お客様にとっては大変重要な仕事があるはずです。たとえば、毎月発行する請求書。この請求書は、ありきたりな挨拶文や請求金額、そして、振込先銀行などですが、そこに「感動する言葉を一言」添える、といった案はないのでしょうか。また、電話対応でも要件だけ話して切るのではなく、そこで「気の利いた言葉を一言」もありだと思いますが。

このように考えると、経理事務員であっても「お客様に対する心遣いの案」はいくらでもアイデアが湧いてくるし、これこそがお客様と直接対応している営業部員の後方支援部隊の役割なのです。

経理事務員だからこそできる、さらに、この考え方が代表者からアルバイトの人員まで徹底されている会社は必ず永続的成長企業に発展するでしょう（何か疑問でもありますか?）。

第二章　簿記会計教育のウソ

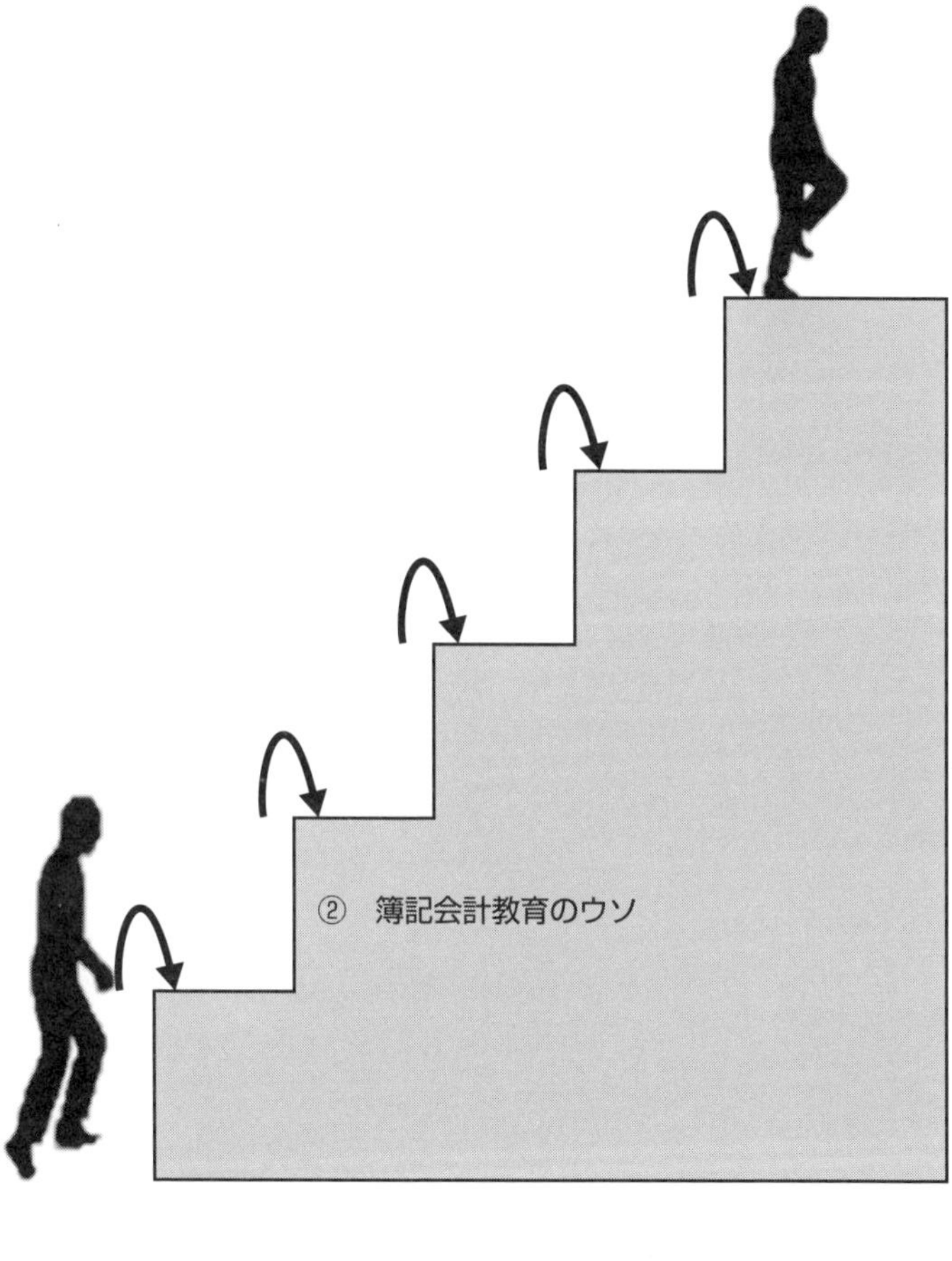

一　予想どおりに役に立たない教科書

「簿記・会計教育のウソ」

いささか過激なタイトルになりましたが、本当のことだから仕方がありません。ただ、既存の簿記・会計教育の批判に入る前に私達は、簿記・会計教育の発展に寄与された先達者に感謝しなければなりません。

「商人は複式簿記からどんな利益を挙げ得るか、複式簿記は人智の産んだ最も立派な発明の一つである。心ある一家の長は誰しも自分の経済に複式簿記を用いねばならない。」と、言ったのはドイツの文豪ゲーテの言葉です。そうです。複式簿記は現代資本主義・経済の基礎であり、複式簿記がなければ株式会社が成り立たず、株式会社が成り立たなければ今日のような資本主義経済の発展はなかったわけですから、これまで簿記・会計の教育の発展に尽くしていただいた諸先輩に感謝と敬意をはらわなければならないのです。過去の諸先輩が作り上げた理論があるからこそ、その理論に対して批判文を書くことができるのですから、まずは、感謝から始まります。

それでは早速、役に立たない教科書の話を進めますが、なぜ、ここでその話をするのか、と言いますと、この本に触発されて「よし、私もスターになってやる」と、思いつつも何から手を付けて良いのやら、まったく検討もつかないし発想も沸かないだろう、と思ったからです。ここで取り得る一般的な行動といえば、簿記・会計教育の経験者であれば既存の教科書の見直し（やり直し）や、さらに高度な学習への挑戦でしょうし、まったくの初心者であればそれ相応の専門の学校に通ったりして簿記・会計の学習を始めるのが普通かもしれません。しかし、ここで問題になるのが、気持ちが盛り上がってスターになるための準備を始めようとしてもそれに見合った環境がまったくないことに気付かされるのです。簿記・会計の教科書、専門学校、大学、大学院、これらのどれを取ってみても事情は変わりません。

私はこのすべてを経験しているから言えるのですが、どの手段をとったとしても、そこに「経理事務員がスターになる方法」は、どこにも書いていないしどこでも教えていないのです。これらは当たり前の話かもしれませんが、経理事務員は経理業務が本業です。では、ここで言われる経理業務の内容とは何か、と言えば「経営活動の結果を数字に写し出す」作業のことです。この定義の詳しい説明については、本書の中ですることにして、ここでは「経営活動の結果」を業績評価、そして「数字に写し出す」を決算報告書の作成と読み替えていただくこと、そして、経理事務員の仕事の最終目的は、「適正な決算報告書を作る」ことであるから、簿記・会計の学習内容がそれに沿ったものであっても、特段に疑問視する必要もないように思われることをまず理解してください。しかし、経理事務員の仕事内容の特定化、つまり「決算報告書さえ作れればそれで良し」と、言った発想から出てくる経理事務員のイメージは「事務処理家」であったり、過去の出来事をまとめた「後ろ向きの会計処理」と言ったイメージを想像するのは私だけでしょうか。

「環境が人を作る」とは良く言われることですが、「髪は七三、スーツは紺で性格は融通が利かない」と、言った経理事務員に対するイメージが一般的で、なぜ、そこに「カッコイイ、ステキ、シビレル」と、言ったものがないのでしょうか（これは独断と偏見かもしれませんが）。いずれにしても、わが国の簿記・会計教育は非常に偏っていることだけは確かなようです。では、どこがどう偏っているか、と言うことを一言でいえば、その教育内容がすべて「決算報告書の作り方教室」になってしまっているのです（ここのところの詳しい説明は第一章の二でしています）。繰り返しになりますが、経理事務員の仕事の目的の一つは、「適正な決算報告書を作ること」これに対して異論はありません。しかし、これは目的の一つであって、さらに重要なことは、これらの決算報告書を「どう利用するか」と、言うことに最大の関心を払わなければならないのです。数字が経営課題のすべてを解決できる、とは思っていませんし、簿記・会計の無力は十分に理解しているつもりです。しかし、経営活動の結果が、すべて数字で現れてくることも現実として理解しておかなければなりません。

世界でも有数な経営者であり資本家でもあるウォーレン・バフェットやジム・ロジャースは決算報告書のどこを見ているのでしょうか。その前に、彼らは誰からどのように数字の教育を受けたのでしょうか（ここのところに興味がある方はメアリー・バフェット&ラビット・クラーク著『バフェットの財務諸表を読む力』徳間書店や、ジム・ロジャース著『お金の流れで読む日本と世界の未来、世界的投資家は予見する』ＰＨＰ新書、などを参照してみてください）。

話を経理事務員がスターになるための勉強方法に戻します。

「決算報告書の作り方」から「決算報告書の利用の仕方」への考え方のシフトは勉強方法の一つをとっても想像以上に大変なものがあるのです。

一点目は基本的ルールが書かれている教科書の説明が１００％正しいかどうかの判断（理論の内容について）、そして、二点目が数字で発見した問題点を数字によって解決できるかどうかの問題です。私がそうであったように、教科書に書かれていることは１００％正しい、と思って、それについて勉強をしてきたはずです。特に簿記・会計の理論は実務性の強い特性もあり、理論によって説明がつかない実務があってはならないし、実務の裏付けがないような理論があってはならないはずでした。会計の歴史を遡って見ても、学者が考え出した理論が実務に定着したものより、実務家が実践の知恵を体系的に整理し理論化したものが圧倒的に多数のようです（加登豊『営理会計入門』日本経済新聞社、三九ページより）。

しかし、どうやら現実は違うようです。

一点目の「理論と実務の乖離」についての話しは項を改めてすることにして、二点目の「数字によって発見された問題点を数字によって解決しようとする罠」についてここで多少の説明をしておきます。

俗な言いかたになりますが「数字は実態から離れて独り歩きする」性質があるようです（加登豊、前掲書二〇九ページより）。たとえば、決算報告書を作成してから前期の決算報告と比較検討することが良くあります。この目的は異常数字のチェックです。前期の数字と比較してそこに急激な変動があればその原因の特定化を計る、と言った問題発見の手法です。ここで問題になるのが実態調査です。

各部門から提出された報告書を鵜呑みにして実態調査もそこそこに不採算部門の撤退や過度な在庫調整などの行動を、われわれは、「数字の独り歩き」と、言っているのです。このことが、数字によって発見された問題点を数字だけで解決しようとしている悪い事例になります。経理事務員は数字を扱うことが仕事です。だからと言って、他の部門や他の部所との会議や打ち合わせの時に、相手の立場や問題所在の裏に隠れている事実をろくに調べもしないで話し合いの場に臨むと必ず反感を買うことになります。また、数字を扱う人間は、問題の解決を数字だけで行おうとする習性があることにも特段の注意が必要になってきます。

二　理論の内容の問題について

さて、理論と実務とのギャップの原因の一点目は、理論の内容についての問題になります。

ここでの理論の内容は、「会計処理」と「リレーション」に分解することができ、会計処理の内容が理論的説明ではどうしても実務的に納得できないことと、リレーションは取引が発生してから税務申告書を作成するまでの移行手続での説明不足や機能障害などです。特にリレーションの問題は深刻です。簿記・会計には一連の流れがあって一つの会計処理が終わると次のステージに移るための作業があるのですが、その引き継ぐところの説明が手薄になっているのです。これでは、まったく実務に対応することができません。そのリレーションの話の前に、もう一度、理論と実務の意味について説明することにしましょう。

理論は、「個々ばらばらの取引について、会計ルールに従った計算方法やフレームなどを法則的・統一的に説明したり認識させるために、筋道をつけて組み立てたもの」（あ～長い）であるから、万人に理解でき利用できるように抽象化したものになっています。

一方、実務は、理論で言うところの法則的・統一的と、言った原理・原則ではなく不統一で例外的なものをより具体的に考えて実行する、と言ったことになります。ですから実務には

「これが正解」と言った答えは存在しないのです（法律のルールに従っていることが前提）。

さらに、この理論と実務との関係を時系列に並べて大局観的に見ると三段階の構造の流れになっていることに気がつきます。つまり、取引が発生したらそれをまとめた財務諸表を作成し、さらにその財務諸表を起点にして税務申告書を作成する、と言った一連の流れになります。実は、この一連の流れに機能障害が起きているため、結果的に「理論と実務の乖離」が生まれているのです。もう一度流れを見ると、

取引の発生 → 財務諸表の作成 → 税務申告書の作成

でしたが、この流れの中で取引の発生から財務諸表の作成へ、そして財務諸表の作成から税務申告書へのリレーションの問題が一点目、二点目は、取引の発生、財務諸表の作成、税務申告書の作成、これら各申告書を作成する時に乖離を生む根本原因があるのです。

では、一点目のリレーションの話からですが、リレーションはここでは引き継ぎを意味していて、取引の発生から財務諸表の作成への流れ、財務諸表の作成から税務申告書の作成への流れ、特に財務諸表が出来上がってからそこをスタートに税務申告書を作成する時の引き継ぎに問題があるのです。

ご存知ない方のために一応説明すると、財務諸表の内訳は貸借対照表と損益計算書から成り

立っているのですが、専ら儲けの計算は損益計算書の中で行います。そして、この損益計算書から導き出された儲け（当期純利益）から出発して税法が期待する税務申告書の作成（別表の作成）へと進んで行くのですが、この進み方の説明が簿記・会計の教科書からスッポリと抜け落ちてしまっているのです。

これでは、実務初心者は必ず迷ってしまいます。

なぜ、損益計算書の中の儲け（当期純利益）が出発点なのか、また、財務諸表の作成から税法が望む税務申告書を作成する場合の修正事項の必要性などの説明がされていないのです。税法ではこの修正事項のことを「別段の定め」と呼んでいるのですが、なぜ、この「別段の定め」が必要なのでしょうか。

現在の実務会計は、制度会計といって会社法や税法などの法規制を担保に成り立っているのです。すなわち、会社法は債権者保護の目的を達成したり、配当可能利益の額を算出するため、会計を法律によって規制しています。また、計算書類規則といった法律では、貸借対照表や損益計算書などの表のフォーマットや記載方法が詳しく説明されています。

一方、税法の目的は、課税の公平性と課税所得の算出を目的として、確定決算主義といった会計規則には従いつつ、税法上損金として認めてもらうには「損金経理」（経費として処理しなければ損金として認めない、と言う意味です）が必要とされているので、結局、実務会計は直接であれ間接であれ結果的に税法に拘束されているのです。いや、むしろ実務会計は、税法に従った会計処理をしなければならない、と言った方が正解なのかもしれません。この考え方は非常に重要です。と言うよりは、簿記・会計教育における理論と実務との乖離の大半は、この「会社法と税法の会計処理の取り扱いの違い」によるものであることがわかったのです。よって、ここから導き出される理論と実務とのギャップの攻略法は、取引が発生したら会社法や計算書類規則などに従って財務諸表を作成しますが、この財務諸表を作成するときに税法に馴染まない部分を抜き出してそこに修正（別段の定め）を加えて、税法が望む税務申告書の作り方を勉強することが必要なのです。

基本的に、この財務諸表の作成を理解するためには、既存の教科書、たとえば、「加古宜士共著の『段階式日商簿記三級商業簿記（第一四版）』、（株）税務経理協会」などがおススメです。これらの基礎的教科書には財務諸表を作成するための基本的なルールや仕組みがきちんと説明されているからです。これらの教科書を少なくても五回ほど繰り返して学習してください。できれば、これらの教科書に付随して売られている問題集も合わせて買って学習することが理解を深めるために有効だと思います。私の経験上、この方法が一番効率的で、改めて簿記学校などに通う必要もなく、遠回りのようで最短距離であろうかと思います。ペースの早い方であれば、二〜三か月もあれば十分仕組みが理解できるはずです。ただここで重要なことは、常に実務を意識して勉強することです。どこをどう意識するかは本文の中で詳しく述べているので参考にしていただくとして、この意識があるかないかで、その後のスキル・アップに雲泥の差が生じることになるでしょう。

さて、財務諸表の作成のための基本的ルールを学習したら、次は税務申告書の作成になります。先ほども話したように取引の発生から始まった簿記・会計の流れは、この税務申告書の作成によって終焉を迎えることになるのです。

私達が普段呼んでいる「決算報告者」とは、財務諸表と税務申告書を合わせてこのように呼んでいるのです。そして、財務諸表は会社法に規制され税務申告者は税法に規制されます。さらに、財務諸表作成時の会計処理は最終的に税法に合わせなければならないのです。よって、簿記・会計が税法によって拘束されるのであれば当然のように会計処理の段階から税法を意識して処理をしなければならない、と言うことなのです。

たとえば、役員に対する賞与の会計処理について考えてみることにしましょう。この役員賞与は役員報酬の合計金額に加算されて販売費及び一般管理費を構成します。当然のように役員賞与の金額の分だけ利益が圧縮されることになります（利益の減少の意味です）。この計算式を図表を使って詳しく説明すると……。

図表２－１

役員賞与を計上する前の損益計算書（単位千円）		
Ⅰ　売　上　高		10,000
Ⅱ　売　上　原　価		6,000
（売　上　総　利　益）		4,000
Ⅲ　販売費及び一般管理費		3,000
1　役　員　報　酬	1,000	
～		
20　その他の経費	2,000	
（当　期　純　利　益）		1,000

図表２－２

役員賞与を計上した後の損益計算書（単位千円）		
Ⅰ　売　上　高		10,000
Ⅱ　売　上　原　価		6,000
（売　上　総　利　益）		4,000
Ⅲ　販売費及び一般管理費		3,500
1　役　員　報　酬	1,500	
～		
20　その他の経費	2,000	
（当　期　純　利　益）		500

図表２－２は図表２－１に比較して当期利益が５００千円減少しています。これは、役員報酬５００千円が増加した分、結果として利益が５００千円減少したものです。この会計処理

は別段、問題視されることのない適正に会計処理された結果の数字です。しかし、図表2－2で示された数字は制度会計上は適正であっても、税法上では適正でないのです。つまり、役員賞与は制度会計上経費に算入したとしても（図表2－2参照）税法では役員賞与は経費として認められていません（これを税法では損金不算入といいます）。したがって、税法では図表2－2で示した当期純利益500千円に、役員賞与として支払った500千円を税務申告書で加算しなければならないのです。その結果を図表2－3によって示せば上の図表のようになります。

図表2－3

税務申告書（別表4）

当期純利益	500
加算（役員賞与）	500
課税所得	1,000

この事例が示したように、役員に対する賞与の支払い（会計処理）は、最終的に税務申告書の作成において税法に拘束されるのです。さらに、この会計処理と税務処理との取り扱いの違いが結果的に「理論と実務との乖離」を生んでいる原因の一つであったのです。さらに、会計処理が行われてから財務諸表が作成され、財務諸表から税務申告書へ移る時の「当期純利益と課税所得の違いの説明」や税務申告書での「加算理由・減算理由」などの説明を簿記・会計の学習の段階から教育の中に入れて行かなければならないのです。なぜなら、会計処理は点で

理解するのではなく線で理解しなければ決算報告書を作成する時に会計処理がどのように税法に拘束されているかがわからないし、そのような勉強方法では永遠にスターになるためのチャンスは訪れないからです。

三　実務の仕組みの問題について

「理論と実務とのギャップ」その原因究明の最後は、「実務の仕組みの問題について」です。そもそも、「実務の仕組み」とは何か、と言った話から始めることにします。

ここまで繰り返し出てきた「経営における共通言語」としての会計情報は、会社の上層部だけが利用するものではなく従業員全員が利用するものでなければならないのですが、では、会社としてその会計情報が真の共通言語として機能するためにはどのような仕組みを会社として用意しなければならないか、と言った話になります。

経理部員を除く他の部門の社員は、ただでさえ日々の業務に忙殺されているのに、これ以上難解とされる簿記・会計の教育を受けさせられ、さらに、それを経営方針の時の共通言語として利用させるためには相当な努力をしなければなりません。しかし、この努力は、想像以上に良い結果を生む努力になるのです。

この話は持論になりますが、「潰れる会社は数字を粗末にし、成功している会社は数字を大事にしている」と、言う傾向があるのです。成功している会社のすべてが数字を大事にしているとは思いませんが、潰れる会社は１００％数字を軽視して粗末に扱っている。これが私が多くの会社を見て感じている肌感覚です（何が大事な数字かは本文を読んでいただければわかります）。

これは会社の規模間の問題ではなく社長や社長を支える経理事務員の考え方の問題です。どんなに大きな会社であっても会計を理解していないところもあれば、小さな会社であっても会計情報を上手く利用して永続的企業になるための努力を続けている会社もある、と言うことを理解しなければなりません。

では、早速、会社情報を会社の共通言語化する試みの話をします。この話は単純ながら多くの会社、特に中小零細企業ではほとんどの会社が実行していない手法です。しかし、その効果は絶大で是非取り入れていただきたい手法になります。その手法とは、「オープンブック・マネジメント」と、言ったものです。

オープンブック・マネジメントとは、会計情報を全社員で共有し、会社が抱える問題、たとえば、収益構造の改善やコストの改善などを高い意識を持って解決するマネジメント手法のことです。この手法は「ガラス張り経営」の一つで、会計情報が上層部だけに集中させないために考え出された手法になります。繰り返し言うように、会計情報が全社員の共通言語として機能させるためには「自社の決算報告書の数字をオープンにすること」が絶対条件になるのですが、これが意外と上層部からの強い抵抗に遭うものです。この抵抗には二点ほどの理由があって、まず一点目は、会計情報が外に漏れるのではないか、と言った危惧から生まれた抵抗になり、二点目は、難解とされる会計情報を誰が主導権を持って会計知識のない社員に教育をするか、と言ったことです。

まず一点目の「重要書類の社外秘」の問題ですが、実は、大企業の場合、法の規制により決算情報、つまり、決算報告書を公に公開しなければならない規則になっているのです。大企業は金融機関以外に不特定多数の株主などから資金を調達する仕組みが出来上がっていますから、その株主などに向けて情報を公開しなければならないのです。そうしなければ株主などに誤った判断を与える可能性があるからです。

一方、中小零細企業にはそのような縛りはありません。なぜなら中小零細企業は不特定多数の株主などから資金を調達しないからです（できない、と言った方が正しいのかもしれませんが）。よって、中小零細企業の会社情報は非公開になり「秘密裏」になって行くのです。極端な話、中小零細企業の決算報告書の行方は税務署と銀行だけになってしまいます。当然のように限られたところに提出する決算報告書はその他大勢の株主や投資家から見られることを想定していませんから、大企業のように利用の仕方に慣れていないこともあいまって従業員に決算報告書を公開することに抵抗がある一因になっているのかもしれません。

いずれにしても、従業員に決算報告書を公開しなければ会社全体の目標設定値にズレが生じてしまいます。上層部は決算報告書を土台にした目標設定値を設定するのですが下層部の従業員は会社の数字を知らない上に上層部からの押し付けによるノルマ的目標設定値になりがちです。これでは全社員が一丸となった目標設定値にならないし、そこに強い動機づけが発生しないことになってしまうのです。

ここに中小零細企業の多くが悩む、「従業員がなかなか動いてくれない」とか「なぜ、上層部のいうことがわからないのか」と、言ったことの根本的な原因があるのかもしれません。社長や上層部が考える以上に、会社の数字を知らない、知らされていない従業員のストレスは大きいものです。確かにみっともない数字（失礼しました）を従業員に公開することの抵抗はわからないのではないですが、それ以上に「人に見られること」の効用・効果は絶大なものがあります。

人間は他者との比較の中で自分が幸福か不幸か、優れているか劣っているかを判断する相対的な生き物であるので、（佐藤航陽『お金2・0新しい経済のルールと生き方』、（株）幻冬舎、八六ページより）会社の数字もそっくりそのままこれに当てはめてはいかがなものでしょうか（これをベンチマーキングと言います）。

決算報告書の数字を他社、同業社と比較して、どこが優れているのか、どこが劣っているのか、この議論があなたの会社を永続的に成長・発展させる原動力になるのです。いずれにしても、これらの抵抗を克服するだけの価値が決算報告書の公開にはあることを、ここで知ってください。

さて、仕組み作りの話としてバランス・スコアカードの話にもここで言及しなければなりません（会計情報が共通言語として普及するための仕組み作りのことです）。

四　バランス・スコアカードの仕組み

バランス・スコアカードとは、アメリカの大学教授と経営コンサルタントであるR・S・カプランとD・P・ノートンという人達が、会計情報だけに依存せずに、非財務・会計情報も併用しながらマネジメントを実行する、と言った考え方から生まれたものです（柴山慎一共著、『実践バランス・スコアカード』日本経済新聞社より）。

この会計情報以外の非会計情報の活用は目新しい試みではありません。

過去を振り返ればバブル最盛期の１９８０年代後半、金融機関はこぞって非会計情報を使って融資案件に応えようとした時代がありました。非会計情報は言葉を替えて言えば決算報告書などの数字以外の情報、すなわち、数字に現すことのできない個人や会社の強みを見出してそこにスポットを当てた情報のことでした。

この考え方には理由があって、決算期終了時まで会計情報を待っていてはチャンスを逃してしまう、と言った理由があったのです。特にバブル時期には不動産にしても株にしても月単位で価格が高騰していたからです。このような状況の時には、決算後の数字を見なければ融資は不可能、といったスタンスでは融資をする方もされる方もチャンスを逃してしまうわけです。

これを回避するために銀行は独自のスコアリング・システムを持ってそれらに対処したのです。この時、銀行が利用したのが決算報告書以外の非会計情報だったわけです。しかし、この行き過ぎた行為はバブル経済を助長し、その後、銀行に「貸し手責任」の罪が問われるようになったのです。この時の罪状認否は、「どのような判断で融資を決定したか」と、言ったことが争点になったのです。もちろん、この時の融資判断は、会社（法人）に対するものであれば、売上の業界シェア、商品特性や将来性、そして、会社の強みや独自性を考慮に入れたものであったのでしょうが（これは私が独自に判断したもので検証はしていません）しかし、この銀行独自による非会計情報のスコアリング・システムは人の価値観の問題（恣意性が入る可能性がある）で、決算報告書のようにきちっとしたルールがあるわけではありません。つまり、A銀行B銀行では融資が通ったがC銀行では同じ書類を出しながら融資を断られる、と言った現象が多く見られるようになったのです。これでは、多少言葉が悪いのですが、「貸し手側の気分」の問題ではないか、と疑われてもしかたがないのかもしれません（実際はそんなことはないのでしょうが?）。

この時の反省を踏まえて金融庁は金融機関に「信用格付け」と、言ったルールを導入するようにしたのです。この「信用格付け」とは、銀行が各行気まま勝手なやり方で融資判断をするのでなく、どこの銀行に融資を頼んでも、同じような審査、同じような融資判断をするように金融庁が「金融検査マニュアル」を決めたものだったのです。いずれにしても、バブル時代の反省をとらえて金融庁が考えたものであったのですが、また元の数字オンリーである定量性評価に逆戻りしたのでは、と感じているのは私だけなのでしょうか。なぜ、この時点で今までの非会計情報の見直しや改善に取り組まなかったのでしょうか。たとえば、先ほど出てきた売り上げの業界シェアや商品の独自性や将来性などの非会計・非財務情報が融資判断のスコアリング・システムとして精度が今いち（ここでの精度とは、事故率のことです）であった場合、この得意先情報に新規顧客の獲得率や既存客の売上増加率などを加算して、今までの非会計情報に厚みを増してスコアリングの精度を上げる、と言った方法などです。

バランス・スコアカードの誕生は、企業の業績評価を会計情報以外のものを組み合わせて把握しようとするものであるから、非会計情報とは何かとか、非会計情報の開発ばかりを強調しがちですが、私は多少違うように思います。そのことは、バランス・スコアカードの発案者であるキャプランとノートンらの例示からも読み取ることができます。その例示とは、財務的視点、顧客の視点、社内プロセスの視点、そして、学習と成長の視点という四つの視点から業績指標を設定していることです。

なぜ、キャプランとノートンは、ほかでもなくこの四つの視点を推奨しているか、と言うと、それは、できるだけ少ない情報で業績評価をして企業をより良い方向に持って行こうとする意図があるからだと思います。大企業と違って中小零細企業には決算報告書以外に非会計情報の作成にコストや人員を費やすほど経営資源が豊富ではありません。

よって、ここで大事なことは、非会計情報であっても最終的には決算報告書に関連付けてスコアカードを作ることが肝要になります。ここで非会計情報を改めてコストと時間をかけて作成するのではなく、既存の決算報告書の数字に改良や改善を加えて、事後処理から生まれた過去情報を将来に役に立つ未来情報に変換させることが重要になってくるのです。

運用にあたって推奨者が提案する四つの視点をバランス良く活用することが理想であるが、それに固執する必要はなく自社独自の業績評価指標を作れば良いだけの話です。ここで作成のためのヒントを一つ与えるとすれば、やはりお客様視点からの発想が一番確実です。何度も言ってきたようにお客様を無視した経営は、いつかは破綻するからです。また、顧客満足をスローガンにしながら行動が伴わない業績評価も考えものだからです。お客様への細かいニーズやウォンツに対応できれば、既存客の定着率が高まり、既存客の売上が増加し、新規のお客様獲得に成功して、市場占有率を上げることができるからです。ですから、その目標値を達成できるような指標や評価方法を作るようにしてください。もちろん、そこでの作成指導者は、経理事務員であるあなたの役目になりますが（何か問題でもありますか?）。

第三章　売上って何？

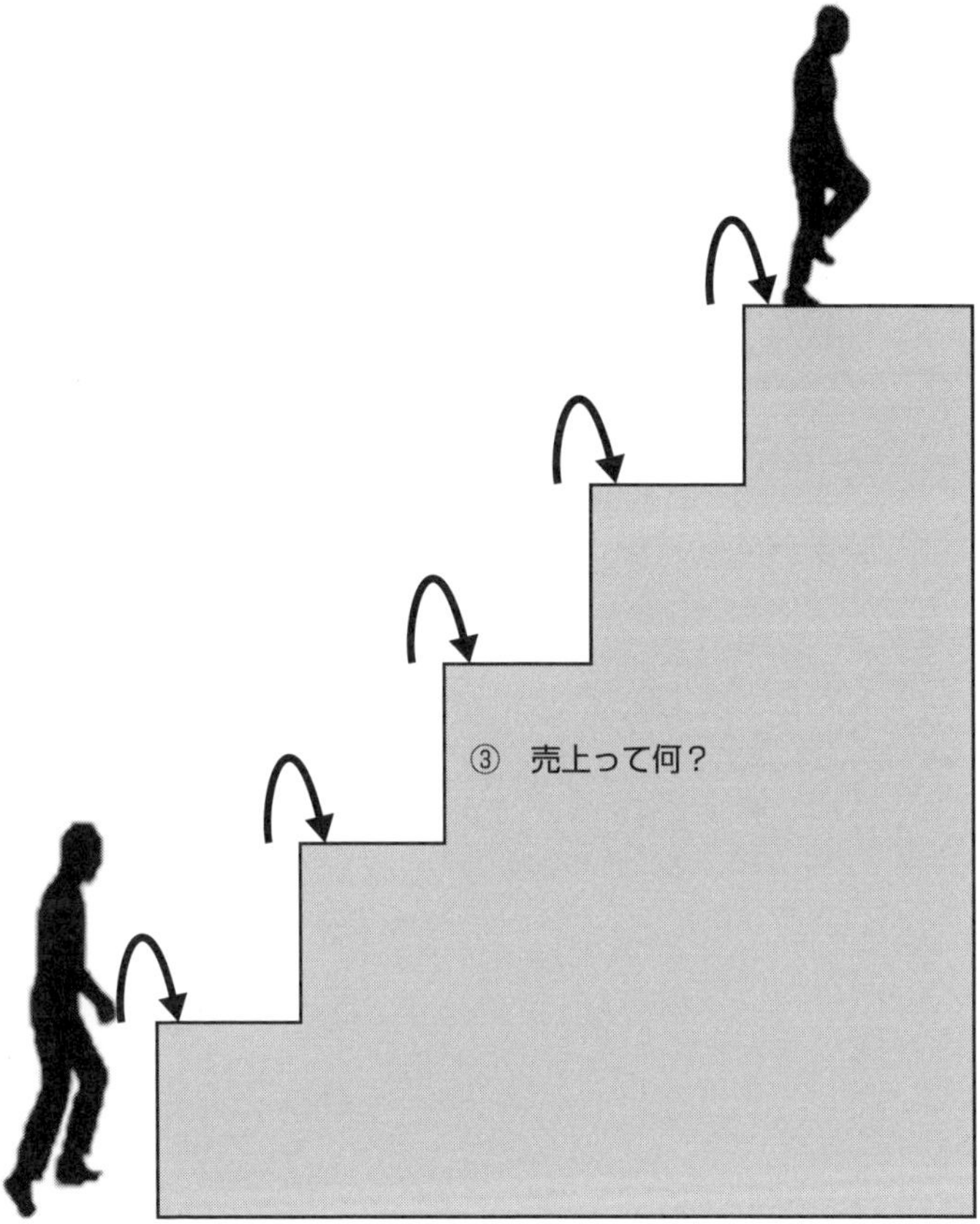

一　この言葉ほど不思議な言葉はない

私は、この「売上」と言う言葉を理解するまでに大変苦しんだ一人です。

「売上」という勘定科目は、決算報告書の中の損益計算書という表の一番最初に出てくる言葉です（一番最初に表示される、と言うことです）。

当たり前の話ですが、売り上げがなかったら経営は成り立たないし、売り上げがなかったら給料を始め経費の分配すらできないからです。

このことは頭ではわかっていてもどうも腹の中に落ちなかったのです。

ちなみに「売上」と言う言葉を辞書で調べてみると、以下のように書いてありました。

「一定の期間に、商品などを売って得た金の総額」（岩波国語辞典、第四版）

多少は理解できるようになりましたが、それでもまだ漠然としています。そこで、ここから一般的な教科書に載っている売上の概念に従って説明したいと思います。

まず、「一定の期間」とは、年に一度作成される決算報告書を想定するのであれば、それは一年間であり、三六五日の積み重ねのことを言います。

次に「商品などを売って」という場合の商品は、商品や製品などにサービスの提供を含めたものになります。ちなみに、商品や製品は人の手によって加工されたもので、元々の素材は原材料でありこれをそのまま販売する場合もあります。

次はいよいよ売上の本質である「売る」といった行為についての説明です。

「売る」と言った言葉を再び辞書によって調べると「金と引き替えに、また、金をもらう約束で、品物や権利を他人に渡す行為である」と書いてありました。（岩波国語辞典、第四版）

いずれにしても、売上とは、「自分が所有する、または、身に付けた技術などを他人に渡し、その代価として金銭などを受け取る一切の行為」と言うことになるのでしょうか。

この行為を簿記・会計の理論に従って解釈すると、上記の事象は「誰に」、「何を」、「いつ」、そして、「いくらで」と言った情報を数字（金額）によって認識、測定したものなのです。認識とは、売った日付や販売先の特定であり、測定は、それを数字や金額によって表示したものです。たとえば、商品一〇万円を三月五日に埼玉商店へ掛で販売した、と言った事例があった場合、この取引を複式簿記のルールに従って仕訳作業をすると、次のようになります（仕訳の意味は教科書を参照してください）。

3/5	売掛金（埼玉商店）	一〇〇、〇〇〇	／	売　上（埼玉商店）	一〇〇、〇〇〇

これが取引事例を仕訳作業によって示したものですが、この情報の中に先ほど説明した「何

を」、「誰に」、「いつ」、そして、「いくらで」といった認識と測定があるのです。

これが会計情報のすべてになります。

簿記・会計の主目的は、取引の事実をありのままに数字（金額）によって写し出したものですから、この一行の仕訳作業をもって目的は達成されたかのように思います。

しかし、この情報だけで取引の全貌を把握したと思い込むことは大変危険であることが後になってわかったのです。

実は、私自身が「売上」について悩んだ原因もここにあったのです。

その原因を話す前にもう一度、簿記・会計の定義を書き出すと「日々の取引事実を日付順に記録・計算・整理したものを表にまとめ、それを内外に報告する手段」でしたね。

この定義の中味は、「何を」、「誰に」、「いつ」、そして、「いくらで」と言った取引の実態そのものを写し取ったものでした。

すなわち……。

この情報を読み取った経理事務員は、先の事例に出てきた仕訳作業に落とし込むわけです。

3/5 売掛金（埼玉商店）　一〇〇、〇〇〇　／　売　上（埼玉商店）　一〇〇、〇〇〇

でしたね。

ここでの下段（これを貸方と言います）の勘定科目が売上ですが、この売上は実態のないもので、上段（これを借方と言います）の金銭債権の増加があって初めて現実のものとして認識されることになるのです。ですから、複式簿記では売上のことを「名目勘定」と言い、売掛金のことを「実在勘定」と呼んだりもするのです。

よって取引の事実をありのままに数字（金額）に写し出す、と先ほど言いましたが、売上は売掛金と言う実在勘定があって初めて認識される勘定科目であることを理解すべきです。

売上と言う勘定科目単体では何の実態もない勘定科目になるのです。実務の世界で日常的に使っている売上の本質は、実は、実態のないものである、と言った話なのです。

さて、ここまでの話は多少話が難しくなりましたが、私が簿記・会計の勉強をしていて理解に苦しんだ一点目のことでした。

次の話は、売上を分解してみる話になります。

売上は、お客様に商品なりサービスを販売したときに、「何を」、「誰に」、「いつ」、そして「いくらで」と言った情報を認識して測定することが重要である、と言った話をしましたが、ここで、「誰に」と、言った情報が特に重要なのですが、既存の教科書はここの情報を深堀せずにさらっと流してしまうから、私のように売上に対して長い間苦しむ結果になるのです。

それでは、項を改めて、この「誰に」の話を進めることにしましょう。

二　売上を分解してみる

ここからは、私が売上について苦しんだ二点目の話になります。

先の項で、売上情報のなかで、特に「誰に」と、言った情報が重要であることの話はしましたね。

この「誰に」は、もちろん、「お客様」情報のことです。

先ほど、「三月五日に埼玉商店へ商品一〇万円を掛けで売った」と言った事例を持ち出しましたが、ここでの「お客様」情報は「埼玉商店へ」と言ったものでした。

事実、既存の簿記・会計での練習問題の出題事例と言えば、だいたいがこんな感じで出題されます。

ここで何が悪いのかと説明すると、このような問題に慣れ親しんでしまえば、売上という会計情報がいとも簡単に入手してしまう、と思ってしまうことがとても危険である、と言うことなのです。

たとえば、先の例で言えば、「三月五日に埼玉商店へ商品一〇万円を掛けで売った」と言った、たった一行の文面に経理事務員が反応して次のような仕訳作業を行うわけです。

3/5 売掛金（埼玉商店）一〇〇、〇〇〇 ／ 売　上（埼玉商店）一〇〇、〇〇〇

しかし、実務では、売上情報が、これほど簡単に経理事務員のもとに入ってきません。どういうことか、と言うと、通常の会社業務であれば販売は営業部員の仕事です。

ここで、販売活動の流れを分解すると、お客様から注文を受けた場合納期を確認して商品などを納め、お客様が納得すれば締め日を決めて請求書を発行して後日料金を受け取る。

実際はこれほど単純な話ではありませんが、要約すると、こんな感じになります。

商品の納入 → 請求書発行 → 回　収

この業務の担当は、会社の規模にもよりますが、だいたいが営業担当者です。この営業担当者の業務の流れをお客様を管理する帳簿によって説明すると、次のようになります。

図表３－１

営業担当者は、お客様へのアポイントから代金回収まで管理していくのですが、この管理業務は通常、入力作業はパソコンであっても出力は元帳（得意先元帳）という仕組みになっているはずです。

このお客様の情報が入った得意先元帳には、お客様の住所から始まって購入履歴がギッシリと詰まっているのです。

得意先元帳（埼玉商店）

日付	摘　　要	売　　上	回　　収	残　　高
3/1	前月繰越			50,000
3/5	Ａ商品10個 @10,000円	100,000		150,000
3/20	埼玉銀行に入金		50,000	100,000

⇓

図表３－２

これからの得意先元帳（埼玉商店）

日付	摘　要	お客様の情報	売　上	回　収	残　高
3/1	前月繰越				50,000
3/5		キーマンの担当者（鈴木）納期が厳しい	100,000		150,000

↑
この情報が重要

ここでの得意先元帳である証憑（しょうひょう）の一部である元帳のことを簿記・会計では補助元帳と呼んだりしています。ちなみに、証憑とは、「取引の事実を証明する元の書類」のことです。

ここから、重要な話になりますが、この証憑への入力は最初に営業の担当者が情報を読み取ってパソコンに入力することから始まります。なぜなら、お客様に一番近い所に自分のポジショニングを置いているため、お客様情報を一番知っているのが営業担当者だからです。お客様がどのタイミングで、いつ、どのような動機づけによって自分が提供する商品などを買っていただいたかを知りうる立場にいるのが、営業担当者、と言うことです。

これらの情報を受け取った営業担当者は記憶の正しい内にパソコンを通して証憑にインプットするのです。この作業を受けて経理事務員は、事後的に証憑を読み取って仕訳作業へ進んで行くわけです。ですから、結論を先にいえば、経理事務員は、この証憑の読み取る技術がなければまったく仕事にならないのです。

簿記・会計の仕事のイメージからすると、経営活動の結果を把握して仕訳の作業まで持ってくることはすべて経理事務員の仕事であるかのように思えますが、実際は、経理事務員に先行して現場の営業担当者がお客様情報を証憑作りのためにパソコン入力するのです（図表３－１を参照してください）。

その後、経理事務員は証憑の読み取りや営業部員からの聞き取り調査などをして仕訳作業に進んで行くのです。

取引先の発生
↓
補助元帳への記入
↓
仕訳作業
↓
元帳転記

この事象作業の流れは、簿記・会計の教科書が教える流れとどうやら違うようです。
ちなみに簿記・会計の教科書には仕訳作業から元帳転記への流れは次のようになっています。

取引の発生
⇩
仕訳作業
⇩
元帳への転記
補助元帳への記入（証憑）

このように経理処理の流れは、理論と実務では仕訳作業と補助元帳への記入作業の順番が逆になっているのです。
ですから、この時点で簿記・会計の学習初心者は「実務対応」に迷ってしまうのです。先ほど、「証憑を読み取る技術がなければまったく仕事にならない」と、言った理由はここにあったのです。また、簿記・会計を教える先生方の中には、この補助元帳などが証憑の一部であることを認めていない先生もいらっしゃいますがそれは違います。証憑の意味が、取引の事実を証明するもとになる書類と解するのであれば、補助元帳は完全に証憑の範疇に入ってくるのです。ちなみに、証憑の種類には、営業担当者が記入する得意先元帳の他に、購買担当者であれば仕入帳や仕入先元帳、そして、経理担当者であれば現金出納帳、当座預金出納帳の銀行確認表、そして、領収書や契約書などが各担当者が扱う証憑書類になります。

実は、この証憑には、経理処理にあたって必要な情報が入っている以外にもっと重要な意味があるのです。最近では、コンピュータの発達により、機械の中心部分であるハードウェアにとどまらず、ソフトウェアの部分も購入者（使用者）にとって非常に使い勝手の良いものになっています。しかも、安価によって手に入るようになったのがソフトウェアの魅力の一部なのです。

先ほど営業担当者による証憑書類の話をしましたが、ここで営業担当者が戦略上、一番ほしい情報は何か、と言うと、それはお客様情報です。お客様がどのようなタイミングで、いくら買ったか。これらの情報が事前に、得意先元帳などの分析によってできれば、これほど企業にとって有益な情報はありません。これを可能にしたのが、得意先や仕入先の管理情報システムだったのです。お客様の購入履歴ほど多くを語るものはないし、その分析結果を企業がどのように加工して行動指針に役立てるかが企業成功における重要なファクターになってくるからです（図表3－2を参照してください）。

ここまでの話で気付かれた方がいるかもしれませんが、証憑書類などからの情報入手に一番近いポジショニングにいるのは、総務担当者や人事担当者ではなく、営業担当者と経理事務員だったのです。

私はいつも思うのですが、経理事務員は大変有益な情報を手に入れる立ち位置にいながら、まったくそれを利用したり使用する、と言った発想を持っていないことに気づかされるのです。これでは経理事務員は一生「事務処理家」で終わってしまう可能性がでてきます。ただし、誤解をしてはいけないのは、私はここで事務処理を軽視しているわけではありません。むしろ、事務処理に対しては、迅速かつ正確に処理作業を行うことを前提で話をしています。たとえば、お客様に買っていただいた金額の記入もれ、または、売掛金の請求もれなど、普通では考えられないミスを犯してはならないのです。

売ったものに対しての売上帳や得意先元帳などへの記帳や締後の請求書の発行とその代金の回収などは、記帳者または、インプットをする人間と、記帳後の元帳チェック者は別の人間がするなどして人的ミスのないように注意しなければなりません。このことは、お金の管理も同然で、一人の人間に責任と権限を任せていると必ず不正や記帳ミスが発生するものです。これらのことを未然に防ぐためにも、チェック機能の強化は絶対に必要なことなのです。

さて、話を元に戻すと、今の時代ほどお客様情報が価値のあるものとして扱われた時代はなかったかもしれません。

この傾向は、個人情報保護法の成立によってさらに助長されているように思います。法律によって規制されると必ずその法律を逆手に取る頭の良い方が現れるものです。規制の強化が増すほど逆にその情報を手に入れたり利用する者が、増々巨大化することは今のAmazonやGoogleなどを見れば納得の行くことでしょう。お客様情報を上手く利用して巨大企業が誕生する一方で、その情報を上手く活用できないでいる中小零細企業が多いのも事実です。折角得たお客様情報であっても、それを活かし切る力量がなければ、それは、「宝の持ち腐れ」の状態です。

では、どうするのか?

ここで大変参考になる考え方が「売上の分解作業」になります。ここでの「売上の分解」とは、売上の中味を分解することです。売上の中味は、お客様に商品を買っていただいた金額の総額です。

さらにこの総額の中味は、次の公式によって計算されます。

売上高＝客数×客単価×リピート率

売上の総額は原則としてこの公式によって計算されますが、この公式は経営戦略を考える場合、非常に重要な意味を持った公式になります。

経理事務員は特に売上高を認識・測定する時に、グロスで計算することに慣れているため売上高を分解する習慣がありません。これでは社員全員で経営戦略を考えたとしても、なかなか適切な案が出てこないのではないでしょうか。ですから、販売会議などにおいて発せられる言葉といえば、決まって「頑張って売上を上げろ」とか「努力が足りない」と言った抽象的な精神論になることが多いのです。これではノルマを与えられた営業部員にとって、具体的にどのような戦略を立てて実行計画に落とし込めば良いのかがわかりません。

では、先ほど上記の公式を使った戦略についての話をしましたが、具体的にこの公式をどう使うかの話をします。

その前に、先ほど売上の中味はお客様である、と言った当たり前の話をしましたが、実はこのお客様の概念を非常にあいまいに受け取っている方が多いのです。お客様の本質的な中味については、項を改めて話をしますが、ここでは、お客様の種類について話をします。

そもそもお客様に種類などあるのか、と言った話ですね。

ちょっとここで次の図表を見てください。

図表3－3

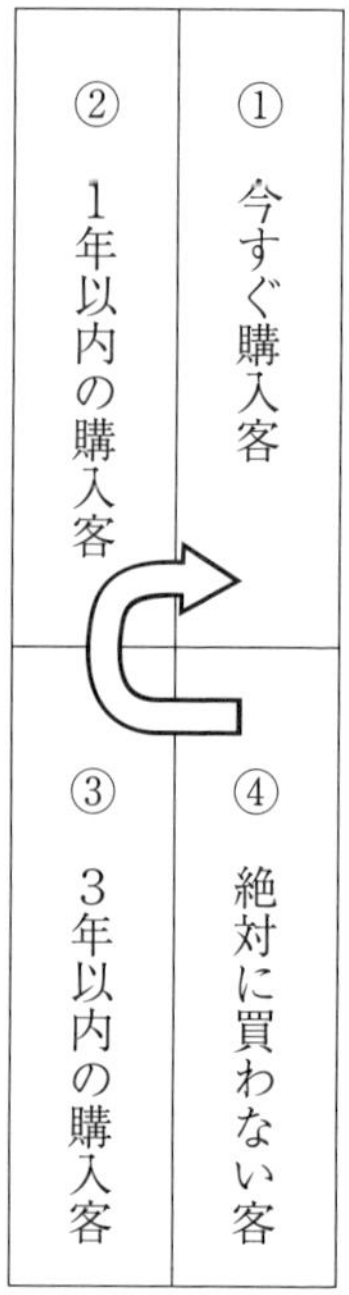

この図表のお客様の分類は、購買タイミングによるお客様の分類です。購買タイミングとは、お客様がいつ、どのタイミングで自社の商品などを買っていただくかということです。購買動機はお客様が商品などを買うタイミングと深く関係していると言われています。たとえば、大衆消費財などの生活必需品は、短いスパンで購入予定日が訪れるでしょうし、家電製品や車などの値段の張る物は、比較的長いスパンで購入予定日が訪れるのです。

企業側はこのお客様の購入タイミングを見計らって様々な戦略を組むわけです。たとえば、車であれば三年ごとにやってくる車検のタイミングを見計らって買い替えの提案をしたり、車両保険やタイヤ交換など車に付随する商品などをお客様にススメたりします。

ここで重要なことは先ほどから何度も出てきているタイミングの問題です。

車であれば、車を購入したばかりのお客様に車の購入をススメても何の購買動機にはなりませんが、ちょうどタイミング良く三年目の車検の時に買い換えの提案をされれば、その提案がお客様にとってベストタイミングになるのです。

さて、ここで先ほどの図表を思い出してください。

①の今すぐ購入客は、今、商品などを必要としている人にタイミング良く販売活動をすることです。これは企業側にとって非常に効率的であるしコスト抑制にも繋がる販売です。しかし、反面、競合他社も同じような戦略をとるものですから、この①の今すぐ購入客に企業側が殺到してしまいお客様の取り合いになってしまうことです。これでは、より力のある所にお客様が集中してしまい、中小零細企業が勝てる勝算が少なくなってしまうことを意味しているのです。

そこで視点を変えて②のお客様や③のお客様にターゲットを絞って戦略を組み直すわけです。

このお客様のセグメントを「見込客」と呼んだりしています。

当然のように見込客はまだ自分のお客様にはなっていないが将来的に購入タイミングさえ訪れれば真っ先にあなたのことを思い出してコンタクトを取ってくれる可能性のあるお客様のことです。

この領域のお客様は、①の今すぐ購入客と違って競合他社が少ない非常に魅力的なお客様になります。しかし、反面、既存客への販促費に比べて見込客への販促コストは高くなる、と言ったデメリットもあるのです。

ただ、既存客だけに頼った営業活動は必ずどこかで頭打ちになることは多くの企業を見ていてもわかるとおり、大企業であっても新規のお客様を増やしていかなければ必ず会社は潰れる運命にあるのです。

では、どうやってその新規のお客様に出会って、そのお客様に価値を認めてもらい、将来的に既存客になってもらう仕組みを作るか、と言うことになります。

冒頭で売上高の分解公式として、**売上高＝客数×客単価×リピート率**の話をしましたが、では、この公式のどこをどう攻めたら具体的に売上高が増加するか、と言ったことを検証してみることにしましょう。

この公式の中味を再度吟味すると、売上高の総額は客数と客単価、そしてリピート率を掛け合わせたものであるのですが、特に客数が新規のお客様を増やす時に深く関わってくることがわかります。

この客数をさらに詳しく分解（分類を含む）すると、新規客、既存客、そして、熱狂的ファン客などに分解することができます。人によっては、この客数の分解をさらに多く分解する方もいますが、話をわかりやすくするためにここではこの種類に限定して話をすすめることにします。なぜ、この公式で、お客様を上記のように分解するか、と言うと、このお客様の種類によって会社が行うべき戦略がまったく違ってくるからです。たとえば、新規のお客様と既存のお客様への販促手法と既存のお客様と熱狂的ファン客ではお客様の分類によってまったく販売手法を変えなければならないからです。

新規のお客様は自社との付き合いが短く浅いからそれらのお客様に対しては、より多くの情報を与えて自社の商品やサービスについて理解をしてもらわなければなりません。

一方、既存のお客様は、すでに自社の商品やサービスなどを何回も使っていただいたり利用していただいたお客様ですから、これらのお客様には新規のお客様とは違ったサービスの提供をして、さらに既存のお客様から熱狂的なハードなファンになってもらうような戦略を組んでいかなければならないのです。

さらに、売上高の増加には、客数の増加対策が必要なことも先ほどの公式から読み取ることができます。

新規から既存、既存から熱狂的なファンへのお客様の「進化促進」はすべてリピート率へ繋げるための戦略手法でしたが、客数の増加は、新規のお客様を増やす問題なのです。そして、新規のお客様は見込客からの進化が鉄則なのです。

ここは重要なのでもう一度繰り返して言いますが、新規のお客様は見込のお客様からしか進化はしないのです。

新規のお客様は、突然変異として出現するのではなく見込のお客様からの進化からしか出てこない、と言うことです。ですから、この見込客の発掘が企業の生死を分けるのです。

企業の行動として既存のお客様だけに頼った経営は、いつかは頭打ちや衰退減少を起こすものです。このことは、人間の行動心理とも深く関わっているようで、つまり、「人間は同じものを使っていると飽きる」と、言った習性があるからです。いずれにしても、既存客の減少リスクを避けるためにも見込客の発掘を企業の重要課題にすることが優良企業へ発展するための行動パターンになってきます。

三　お客様って誰？

この問い掛けは会社の目的を語るうえで大変意味のあることと同時に、誰でもわかっているようでわかっていないお客様のことをハッキリさせる問い掛けでもあるのです。

ところで、会社の目的は何かと言った問い掛けの答えとして一般的なのが「利潤の追求である」と、言うものです。

当たり前の話ですが、会社は利益を出さなければ、いつかは潰れる運命にあります。ですから、これを第一の目的に持ってきたとしても不思議なことではありません。しかし、長年、起業家の多くが信じていたこの名言に一石を投じたのが、あの社会学者で有名なピーター・F・ドラッカーでした。

ドラッカーは企業の目的を次のように述べています。

「企業の目的は何か、と言った問い掛けに対して、それは利潤の追求である、と言った言葉が返ってくることが多いが、それは条件であって本来の目的は〝顧客の創造である〟」と、言っているのです。

ここでの顧客の創造とは、新しい市場の開拓と言った意味です。

たとえば、皆さんご存知の千円カットの理髪店を思い出してください（今はすこし値上げしています）。

この理髪店は通常の理髪店とは違って、ひげ剃りやシャンプーはサービスから除かれています。その分、価格が低料金に抑えられているのです。もちろん、今までのサービスを期待するのであれば既存の理髪店に行けば良いのです。しかし、私にひげ剃りもシャンプーも必要がないと思った場合は千円カットの理髪店を選択すれば良いだけの話です。

ここでの千円カットのお店のことを「新しい顧客を創造したお店」ということになるのです。今まで世の中に存在しなかったお店の形態をお客様に提供しているのですから、これが新しい価値の提供、すなわち、新しい市場（マーケット）の誕生になっているのです。

これがドラッガーのいう「顧客の創造」なのです。

このドラッガーの言葉は、会社の目的が利潤の追求ということを長く信じてきた経営者にとってかなりインパクトのある言葉であったことは確かのようでした。また、ドラッガーは別の著書で「雇用を保証できるのは顧客だけである」とも言っています。

ドラッガーの著書のなかで再三出てきた「顧客」とは、もちろん「お客様」のことです。

企業を永続的に発展させるのもお客様、そこで働く店員の生活を守るのもお客様と言うことです。

当たり前と言えば当たり前の話なのですが、立派な会社の総務部や経理部から「お客様」と言った声を聞いたことがないのも事実です。もしかしたら、お客様のことを忘れているのかもしれません。もっとひどい場合には、私達に「お客様なんていたっけ」と、笑い話ともとれるようなことが現実にあるのです。

さらに、私が良く愛読している著書のトム・ピーターズがお客様について興味深い定義付けをしています。

まず、仕事の目的についてです。

「お客さんに喜んでもらう。それ以外に仕事の目的はない」と、定義しつつ、さらに、本文の中でお客様との接し方について次のように述べています。

「お客さん、それがすべてだ。お客さんに喜んでもらうために、あなたは生きている。それが現実だ。勘定を払ってくれる人、誠意をみせなければすぐによそへ行ってしまう人、それがお客さんだ。本物のプロは、いつもお客さんのことが頭からはなれない―（中略）―私は生活の糧がどこから来るのかを知っている。マッキンゼーを辞めて独立してから最初に小切手を受け取った日のことを、今でも鮮烈に覚えている。―（中略）―私はいつも、尊敬の念をもってお客さんに接するし、お客さんの利益を考えている。お客さんに心から喜んでもらいたいと思っている。戦慄眩暈絶句驚倒（せんりつめまいぜっくきょうとう）の成果を、お客さんに診てもらいたいと思っている。そして、もちろん、たっぷりと報酬を払ってもらいたいと思っている。お客さんほど確実に、私の収入を保証してくれる人はいない。」

さらに、お客様の定義として……。

◆パートナー
◆「深い仲」になる人
◆長く苦楽をともにする人
◆将来をいっしょにつくっていく人
◆運命をともにする人
◆心がつながっているひと
◆強い信頼がなければ、いっしょに仕事をできない人
◆手に負えない問題に嬉々として取り組むプロ
◆自分の評判の源
◆口コミの発信源
◆一緒に成長していく人
◆自分が負けるときは、一緒に負ける人
◆自分が勝つときは、いっしょに勝つ人

トム・ピーターズ著『トム・ピーターズのサラリーマン大逆襲作戦③知能販のプロになれ!』㈱阪急コミュニケーションズ、二〇〇六年三月一五日、初版三刷、二九ページ〜三二ページ。

いかがでしたか？

この文章を読んで、お客様の見方が変わりましたか？

私は大変刺激を受けました。

とかく人間という生き物は、人の立場に立って物事を考えることが不得意なようで．このことは、商品やサービスの売買でも顕著に現れる現象の一つです。つまり、人間は、物やサービスを売る時に、売る側の論理に基づいて商品を考えている、と言うことです。この商品は素晴らしい．この商品は値段以上の価値がある。この商品を使わないと損をする。この商品の素晴らしさに気が付かないのはおかしい。

このことをマーケティングの世界では、製品志向とかプロダクト志向といったりします。つまり、お客様の意思などまったく考えずに、売る側の論理で考えて行動することを言っているのです。しかし、このギャップを埋めることは、どうやら頭で考えるよりは難しいようです。

私自身も普段は一般消費者としてよく生活必需品などをお店で買い物したりしますが、その時はもちろん、お客様の立場に立って物事を考えていますが、これが一旦、企業側の立場になると、売らんかなと言った意識が強くなりどうしてもお客様を無視した価値観を押し付ける傾向にあることをよく感じるときがあります。

しかし、商品やサービスなどの価値観はお客様が感じる価値観であり、その価値観が支払った価値以上であれば、お客様は満足してリピート率が上がり、結果的に既存客からハードな熱狂的なファンになる、と言ったロジックが成り立つものなのです。

このような視点に立って考えると、売上の概念が変わってきます。つまり、今まではお客様に商品やサービスなどを買ってもらう、使ってもらう、と言った発想から、「お客様が心から悩んでいることは何か」、「お客様が本当に望んでいることは何か」と言ったことを炙り出し、そこに自社の商品なりサービスを、もっと言えば、自社しか提供できない商品やサービスをお客様に提供すると言ったものに概念が変わるのです。

先ほどのトム・ピーターズのお客様の定義からすれば、お客様は商品やサービスを買っていただく、と言った対象から、経営活動を一緒に戦う戦友であり、共謀者であり、プロジェクトチームの大事な一員と言った見方もできるのです。

お客様の見方が変われば、当然のように企業が取り得る戦略も変わってくるのです。見込み客から既存客へ、そして、既存客から熱狂的なファン客への接し方については、客層に合った戦略を考えて実行に移していかなければならないのです。ここの解釈については、先ほど紹介したトム・ピーターズの書籍と永井高尚著『百円のコーラを千円で売る方法』㈱中経出版が大変参考になるので、興味ある方は一読をおススメします。

さて、ここまでの説明による企業の目的、つまり、私達は会社という組織体を通して何を世の中に伝えていくか、を問い掛けてきました。そして、その本質は、すべての商品はお客様志向から発せられた思考原理でなければならない、と言うことが理解できたのではないでしょうか。

現在、わが国を含む先進国では物やサービスが溢れています。これは何を意味するか、と言うと、商品やサービスを売るだけでは人々を惹きつけることができない、と言うことの裏付けでもあるのです。また、どんなに素晴らしく特殊性のある商品やサービスであっても、今の時代は、情報伝達のスピードが極端に速いため模造品やコピー品は簡単に作られてしまうのです。

これでは未来永劫的に競争優位性を保っていることはできないのです。しかし、先ほど話した既存客から熱狂的なファンになっていただいたお客様との絆は、一朝一夕で模造はできるものではないのです。

よって、これからの時代は、作り手（企業側）から発想された商品やサービスではなく、お客様やユーザーを巻き込んだ商品やサービス作りになる、と言うことなのです（これを共謀者と言うのです）。

お客様は物やサービスを売る対象者ではなく、あなたをよく理解した協力者であり協働者であるのです。そこであなたの何をよく理解してほしいか、と言えば、「私はあなたの物やサービスを使った結果、こんなに人生が快適になりましたよ」と、言ったことを体験していただき、その素晴らしさと、あなたと同じような悩みを持っている方々にメッセンジャーとして世間に伝播してもらう。これが、あなたのことをよく理解した協力者であり協働者の意味なのです。

このような発想に立って簿記・会計で言われるところの「売上高」といった勘定科目を眺めてみると、まったく違った「お客様像」が浮かび上がってくるのではないでしょうか。

お客様を深く理解することは、自分自身を深く理解することであり、お客様は自分を映す鏡でもあるのです。つまり付き合っているお客様を見ればあなたを理解することができる、と言うことです。

このお客様を深く理解する行為は、大企業ではなかなかマネのできない中小零細企業の特権でもあるはずです（ここの説明は後ほど詳しく説明します）。さらに、この特権を生かす最高の立ち位置にいるのは、中小零細企業で働く経理事務員であるあなたなのです（あなたがやらなければ誰がやるのですか?）。

第四章　資産として認識されない企業の「リスト」

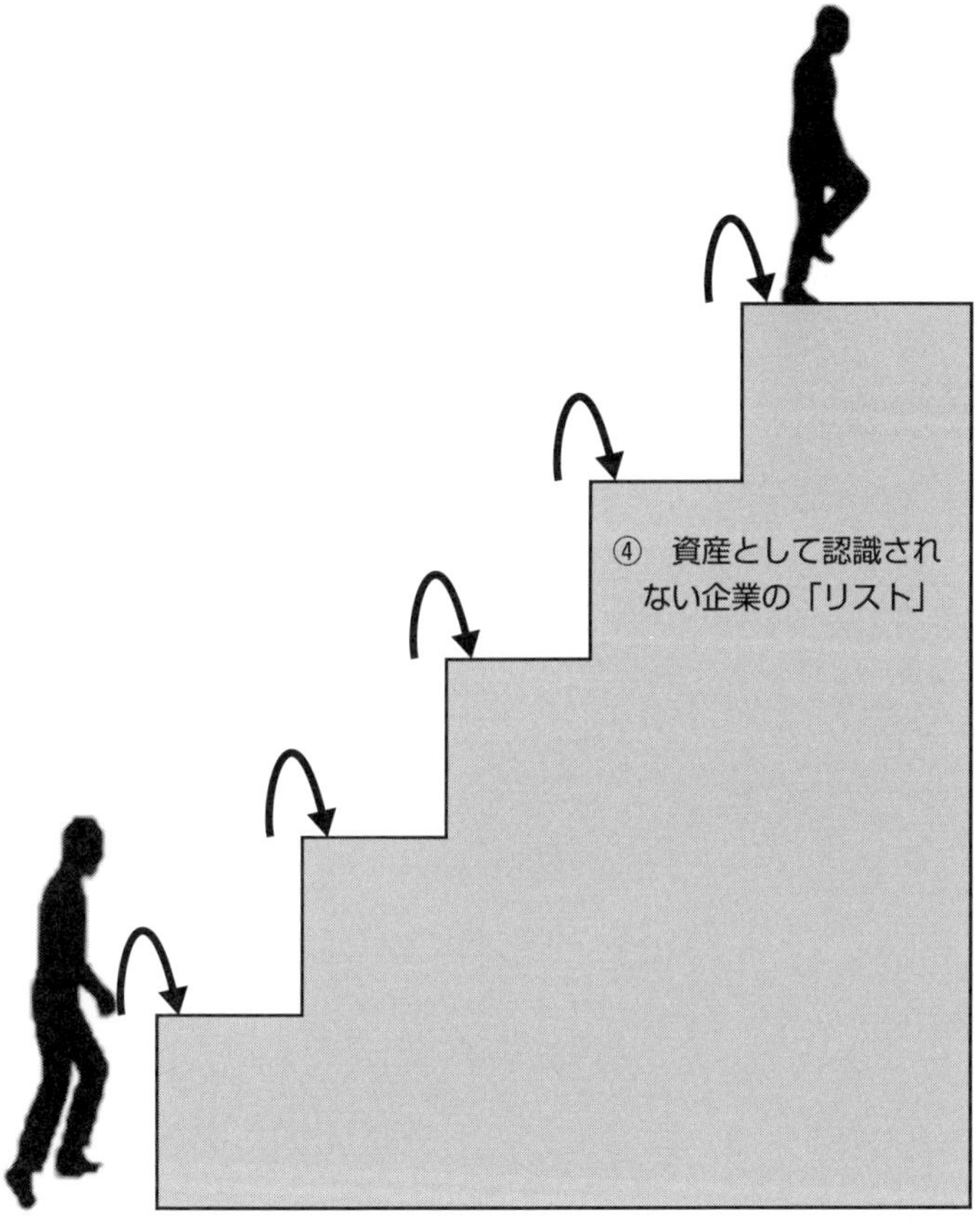

一　巨大IT企業が命より大切にしているもの

「GAFA（ガーファ）」という言葉が世間を賑やかにしています。

GAFAとは、米国のIT産業で、グーグル、アップル、フェイスブック、そして、アマゾンの四社の頭文字を取ってこう呼んでいるのです。

ちょうど、この本を書いている時に新聞から次のような記事が掲載されました。（読売新聞、朝刊、二〇一九年二月一四日（木））

巨大IT規制法整備へ
公正な取引　秋にも監視組織

「政府は十三日、巨大IT企業の透明性を確保するため、列の監視や政策主案を総合的に行う専門組織を内閣官房に創設する方針を固めた。今秋にも発足させ、この組織の情報に基づき公正取引委員会が抜き打ち調査を行う方向だ。巨大IT企業を巡る公正な取引に関する法整備を検討する。」（前掲新聞　一面）

日本政府は、巨大ＩＴ企業の何に脅威を感じて、このような法整備を急いでいるのでしょうか。

それは情報の「寡占化」です。

寡占化とは、同一産業内で少数の大企業がその市場を支配している状態のことですから、寡占状態が続くと一部の者だけが儲かって他の者は儲からず、また、マーケット全体の広がりがなくなってしまうことなのです（独占禁止法も含む）。しかし、国の思惑とは逆に、法規制を設けて情報を国がコントロールしようとすると、市場はその逆に一部の人達に情報が集中してしまう、と言った皮肉な現象が起こってしまうものなのです。

これって何かに似ていませんか。

そうです。国が集中管理する「法定通貨」とそっくりなのです。

資本主義における経済の流れはこうでした。

資本主義が資本主義であるためには会社といった組織体の存在を抜きにしては語ることはできません。もちろん、ここでの会社とは株式会社のことを指しているのですが、この株式会社の存在が資本主義の象徴になっているわけです。

それでは、この株式会社の経営はどのようになっているか、と言うと、まず商売の源であるお金が必要になってきます（これを資本金と言います）。この資本金の中から商売に必要な商品を仕入れます（製造業であれば材料費の購入になります）。この仕入れた商品に経費と利益をオンしたものをお客様に買っていただきます。そして販売した商品の代金は後日現金で回収します。この回収した中から再び商品を仕入れるための代金を残して家賃や給料などに分配することになるのです。

この商品の仕入（製造）、販売、回収、そして再投資と言う流れは商売の流れであると同時にこの社会的関係の流れが経済そのものなのです。転じて経済とは、お金の「やりくり」のことです。そして、このお金は国が保障する（国がコントロールする）基軸通貨によって成り立っているのです（法定通貨とも言います）。

しかし、この基軸通貨の存在が経営がグローバル化することによって怪しくなってきたのです。その原因は、皆さんご存じであろう仮想通貨の出現だったのです。

仮想通貨とは、先ほど話した法定通貨のように誰かがその通貨を保障したり管理したりする者がいないシステムの通貨のことです。この仮想通貨は中央に管理者のいないもので原則は個人同士のネットワークであり、そこに参加する個人のメリットが最大化するためのシステムが効率的に設計された非常に良くできた仕組みである、と言われています（誰が言っているのでしょうか）。

いずれにしても、この仮想通貨の出現によって価値観の概念が変わったことだけは確かなことです。

今までの資本主義経済のもとでは、物を作って売る、と言った行為にスポットを当て、その過程ででき上がった物自体に価値を認め、価値と金の交換を裏で管理し保障していたのが基軸通貨（法定通貨）と言うことになっていたのです。

しかし、今の時代は物が溢れ、結果的に物は売れません。

売れないものは価値がない、価値のない物にはそもそもお金と交換することができないと言った論法が成り立っても不思議ではありません。

このことが「資本主義経済の限界」、つまり、国がコントロールする「法定通貨の限界」になるのかもしれません。

考えてみれば、これは当然のことであって、もともと資本主義経済は自由主義経済であったはずです。そして、この自由主義経済では、国家などの統制や干渉を受けない経済活動のことです。ここでは、自然淘汰、つまり、強い者が生き残り弱い者は市場から撤退するのが原則であったはずです。

それが、いつからか、お金を通して経済を国がコントロールするようになってしまいました。

これは自由主義経済ではなく社会主義経済そのものです。

国が関与したビジネスは絶対に伸びません。これを証明するように未だに国が発行するお金は、物や形のあるサービスしか変換することができません。お金に交換することができない物などはバランスシート（貸借対照表）には載ってきません。これが最大のネックになっているのです。今の時代は市場が感じる価値観は、物から情報に移りつつあるのです。しかし、その情報と言う価値はバランスシートには載ってきません。そして、最悪なのは、その情報を国がコントロールしようとしていることです。それが先ほどの新聞報道の話「巨大ＩＴ規制法整備」のことだったのです。

国が法の規制によって物事の縛りを掛けると必ずその法の裏を行った企業が巨大化する、と言った現実は、個人情報保護法と言った法律を見れば納得の行くことではないでしょうか。

個人情報保護法という法律を作って個人の情報を悪用する者から個人を守るはずであったものが、一部の巨大情報産業にその個人の情報が集中的に、かつ、グローバルに集められているのです。

その手法はこうです。

皆さんもパソコンやスマホで当たり前のようにアプリ（アプリケーション）を利用していると思います。そして、このアプリの使用はほとんどが無料、つまり、フリーでできるようになっているのです。

しかし、ここでお客様を次のステージに誘導するために企業側はあるテクニックを使います。

それは、「さらに詳しく有益な情報がほしい場合は別途料金が掛かりますよ」と言うものなのです。もちろん、これらのアプリを利用した時は課金が発生することになります。そして、この課金の支払はクレジットカードと言うことになります。このクレジットカードの中には、個人情報がいっぱい入っています。このようにして企業側は、国によって保護されている個人情報を簡単に手に入れることができるのです。

さて、ここからが問題なのですが、先ほどから度々出てきている「情報」とは何かと言うことです。

情報はデータとしてパソコンに保存されています。データの中味はお客様情報のことで別名「リスト」と言ったり、「名簿」とも呼んだりしています。しかし、なぜ、これまでに企業側にとってお客様情報が重要なのか、といった素朴な疑問が湧いてきませんか。それは企業のマーケティング活動をみればある程度理解できることです。

マーケティング活動の最終目的はお客様を獲得することです。そして、そのお客様を獲得するための重要なファクターは第二章のところでも話をした、「何を」、「誰に」、「いくらで」、そして「どのように」と、言うものだったのです。

この仕組みをもう一度説明すると、「何を」は商品やサービスのことで、「誰に」はお客様のこと、「いくらで」は価格、そして、「どのように」は販売方法のことでした。このなかで、

郵 便 は が き

料金受取人払郵便

落合局承認

4248

差出有効期間
2021年1月31日
(期限後は切手を
おはりください)

161－8780

東京都新宿区下落合2-5-13

㈱ 税務経理協会

社長室行

お名前	フリガナ	性別	男 ・ 女
		年齢	歳
ご住所	□□□-□□□□ TEL （ ）		
E-mail			
ご職業	1．会社経営者・役員 2．会社員 3．教員 4．公務員 5．自営業 6．自由業 7．学生 8．主婦 9．無職 10．公認会計士 11．税理士 12．行政書士 13．弁護士 14．社労士 15．その他（ ）		
ご勤務先・学校名			
部署		役職	

ご記入の感想等は，匿名で書籍のＰＲ等に使用させていただくことがございます。
使用許可をいただけない場合は，右の□内にレをご記入ください。　□許可しない

ご購入ありがとうございました。ぜひ、ご意見・ご感想などをお聞かせください。
また、正誤表やリコール情報等をお送りさせて頂く場合もございますので、
E-mail アドレスとご購入書名をご記入ください。

この本の タイトル	

Q1　お買い上げ日　　　　年　　月　　日

ご購入方法　1．書店·ネット書店で購入（書店名　　　　　　）
2．当社から直接購入　　3．その他（　　　　　　）

Q2　本書のご購入になった動機はなんですか？（複数回答可）
1．タイトルにひかれたから　　2．内容にひかれたから
3．店頭で目立っていたから　　4．著者のファンだから
5．新聞・雑誌で紹介されていたから（誌名　　　　　　）
6．人から薦められたから　　7．その他（　　　　　　）

Q3　本書をお読み頂いてのご意見・ご感想をお聞かせください。

Q4　ご興味のある分野をお聞かせください。
1．税務　　2．会計・経理　　3．経営・マーケティング
4．経済・金融　　5．株式・資産運用　　6．法律・法務
7．情報·コンピュータ　　8．その他（　　　　　　）

Q5　カバーやデザイン、値段についてお聞かせください

①タイトル	1良い	2目立つ	3普通	4悪い
②カバーデザイン	1良い	2目立つ	3普通	4悪い
③本文レイアウト	1良い	2目立つ	3普通	4悪い
④値段	1安い	2普通	3高い	

Q6　今後、どのようなテーマ・内容の本をお読みになりたいですか？

もっとも重要なのは、「誰に」といったお客様の特定だったのです。これをセグメント情報と、言いますが、ターゲットとするお客様が「どんな悩みを持って、その悩みを解消するために何を望んでいるか」、このことがわかればそのお客様に的を絞って商品開発し、絶妙なタイミングを見て販売促進をすれば良いのです。

この流れを見てもわかるとおり、誰が自分のお客様かを知ることが経営の第一歩であることがわかります。

当たり前の話のように思いますが、これがなかなかできないのが中小零細企業の特徴であり、特にものづくりが中心の会社で顕著に現れる現象の一つになっています。

「良い商品さえ作れば必ず売れる」と思っている経営者が多くいますが決してそんなことはありません。良い商品であっても売れないのが経営の難しさです。

そして、作った商品を誰に売るか、と言うことはコインの表裏のような関係にあり、特にメインターゲットであるお客様を特定化せずに万人向けに作った商品は、何の特色もなくお客様にアピールするポイントがないから、さらに販売を難しくしているのです。

つまり、「差別化されていない商品」と言うことです。

価値も同じ、色も同じ、機能も同じ、と言うのであれば、お客様はあなたから商品などを買う理由が見当たらないのです。

このように物が売れない時代に少しでもお客様に振り向いてもらうためには、お客様の深い情報が必要なのです。

お客様が今、何を必要としているかが事前にわかれば、後はそのお客様に対して適切な商品等を開発し、タイミング良く販促活動を行えば、勘と経験だけに頼った今までの経営とは違って、それこそ「差別化」できるはずです。だからこそ、各企業は争ってまでお客様の情報がほしいのです。

実は、グローバル社会においてこのお客様情報をどこの国が制覇するかが一番の関心事になっているのです（巨大ＩＴ企業も同じです）。多分、物の価値が減る一方で、これからの時代は、情報に人とお金が集まることがわかっているからではないでしょうか。

しかし、情報管理はまだ道半ばで、各国における税法や会計理論はまだきちっと確立されていません。

たとえば、巨大ＩＴ企業は各国にグローバル展開することが必須になっているのですが、その場合、本店や支店の所在地をどこにするかは非常に重要な戦略の一つになります。なぜなら、国によって税法の体系や税率が違うからです。税率の高い所から低い所へ流れる企業活動はグローバル企業にとって必然的な流れになります。さらに税法の体系化よりさらに重要なことは、会計基準の確立がまったくなされていないことです。

情報はデータとして保存され、その中味はお客様情報、つまり、お客様のリストであり名簿のことです。この名簿が現状の貸借対照表（B／S）には資産としてまったく載ってこないことです。前にも話したように貸借対照表（B／S）に計上される資産の価値は、お金（通貨）によって評価したり交換できるものだけが資産として計上が許されているのです。しかし、この理論は、資本主義経済だから成り立つ理論であることも話をしましたね。つまり、資本主義経済の存在理由は株式会社の誕生によって成立することであり、この株式会社は物を生産する工業社会を想定したものだったからです。

この考え方は世界的に物が不足している時代の論理であり、今の時代のように物が余っている状態ではなかなか機能させることが難しくなりつつあるのです。さらに重要なことは、この工業会社の底辺を流れる物と物との交換は国が発行する通貨を媒介として成り立っているのです。つまり、これは何を言わんとしているかと言うと「経済を国がコントロールしている」ことになるのです。

物を生産する工業社会は通貨がなければ成立せず、この通貨は国が発行する基軸通貨である、ということだったのです。

人間が感じる価値観が物からサービスに移るなかで、物にしか価値を認めず当然のように貸借対照表（B／S）にはまったくこのお客様を管理する情報が資産として反映されていないのは、大変問題のあることです。

ＩＴ産業が所有する膨大な量の「リスト」、この「リスト」はお客様に物以外の有益なサービスを与えるための判断材料となる情報が載っているのです。この有益な情報が貸借対照表（Ｂ／Ｓ）から除外されていること、さらに最悪なことは、この情報を通貨をコントロールしたように国がコントロールしようとしていることです。それが、先に紹介した新聞記事だったのです。

国としては寡占化を懸念して公正取引委員会などが動いて情報の規制をしようとしています（法律による情報のコントロール）。しかし、このような情報の規制に走ってしまうと、「ビジネスモデルの進化を止めてしまい、事業者に無用な恐怖心を与えてしまう」と警告を鳴らしているのは、楽天の三木谷浩史会長兼社長のコメントです（読売新聞、二〇一九年二月二八日、朝刊）。

いずれにしても、自由主義経済の中で、物やお金を中心と考える資本主義経済から情報や仮想通貨を中心とするポスト資本主義経済へと流れてきていることは確かなことです。

人間としてどちらの経済で生きるか、と言うことではなく、オールドビジネスとニュービジネスが共存する世界で生きて行かなければならない、と言うことなのです。基本は自由主義経済ですから人の手によって規制をしたりコントロールするものではなく自然の摂理に従って行くしか方法はないのです。

ここでの自然の摂理とは、「人間が進化するために絶対に必要な道理」のことです。そして、この道理とは、そのとおりに進まなければ、いつかは退化する、と言うことなのです。

二　お客様は感情で勘定を払う

巨大ＩＴ産業を見てもわかるように、どうやら企業行動と人間の「感情」が深く関わっていることが徐々に炙り出されてきました。

社長の感情をコントロールすれば経営活動の結果である利益をコントロールし、利益をコントロールすれば永続的成長が保障される、と言うことなのです。さらに、この「感情」は、お客様が感じる感情と企業側が提供する感情が共有されて覚醒した時に爆発的に発展する、と言った性質があることがわかってきました。

これを証明するかのように現在の成功企業の共通パターンに必ずこの感情と言ったキーワードが使われていることに気が付くはずです。たとえば、米国を代表とする巨大ＩＴ企業は、この「感情」の使い方の名手といえるかもしれません。オールフリー（無料）のアプリケーションで「いいね」を拡散させ、その「いいね」という「承認欲求」を高度のテクノロジーを使って集め、分析し、その結果を企業側が想定するお客様に狙い撃ちにする、と言った手法を取っているのです。

この「刺激と反応」を上手く使っているのが勝ち組企業の必勝パターンなのです。しかし、素朴な疑問ですが、なぜこれまでに企業行動において「感情」が重要視されるようになったのでしょうか。

考えられる理由は二点ほどあります。

まず一点目は、カーネマン教授らによる行動経済学の研究と、もう一点は、人間の価値観の多様化のことです。

カーネマン教授らによる研究は、当時の経済学に大変ショックを与えたものでした。なぜなら、古典経済学が提唱する経済を動かしているプレーヤーの行動を性善説に基づいた合理的な存在と定義したものを全面的に否定して、もともとプレーヤーである人間は、嘘もつくし不合理な行動もするものだ、と言った前提に立って経済学を定義する行動経済学を訴えるようになったからです。

そうです、人間は「先送りの誘惑にかられたり」、「近道を選ぶと失敗する」とわかっていても不合理な行動をするものなのです。そして、この不合理な行動は人間の「感情」から来ていることをカーネマン教授らは研究によって突き詰めたのです。よって、経済は人間の「感情」によって動く、と定義したのです。この経済学の流れが経営学にも多大な影響を与えたことは確かです。

もともと、経営学の世界でも一八九五年以降からフレデリック・W・テイラーによる人間の行動にスポットを当てた「科学的管理法」（宮田矢八郎著、経済学一〇〇年の思想、二〇〇一年二月一六日、初版、ダイヤモンド社、四ページより）などによって、経営学に人間の行動原理を当てはめて「いかにしたら経営が上手くいくか」を深く論究して言ったのですが、「感情」がこれほどに企業行動に影響を与えるようになったのは、やはり、カーネマン教授らの功績が大きかったことは確かのようです。

そして、「感情」が重要視されるようになったもう一点の理由は、人間の価値観の多様化によるものです。

人々が生きていく過程での心の深いところでの「生きるための動機づけ」について、自分自身に対して質問するとすれば、それは、「自分は何のために生きているか」と言うことなのです。

つまり、「自分の存在意義」のことです。

自分は何を信じて、何を実行し、何を生きた証として残したいと思っているのか。

現代は精神の「迷走時代」と言われています。

高度経済成長の時代のベクトルは、国も企業も、そして、個人も同じ方向性を向いて一致していたものです。

あなたの仕事は、と聞かれると誰もが胸を張って自分が勤める企業名を挙げたものです。それこそが、その人が生きた証そのものだったのです。時が流れ、波風を立てずに無事定年まで勤めあげると待っていたのはタップリの退職金と年金、そして趣味三昧の生活だったのです。しかし、時代は過酷なもので、終身雇用や年功序列はなくなり、年金制度までが時代にそぐわなくなってきているのです。

さて、そんな時代の中で私達は何を目的に、どう生きて行けば良いのでしょうか。

この問い掛けは、個人だけの話ではなく、そっくりそのまま会社にも当てはまるものです。なぜなら会社という組織は、個人の集まりそのものだからです。

このように、会社やそこで働く従業員の心は、糸の切れた凧のように目的を失って大空をさ迷うようになったのです。

物は作っても売れなく、そこで働く従業員の雇用形態も一生非正規社員や派遣社員であったりするのです。一方、物を買う側のお客様の購買心理も高度経済成長の時のように「みんなも持っているから私も欲しい」から「みんなが持っているから私は違うもの」へと価値観が変わってきたのです。

この消費者（お客様）の意識の多様化はコンピュータなどのテクノロジーの発達によりさらに加速されるようになったのです。

物不足の時代から、物余り、物溢れ時代に突入して、物質的欲求が満たされた次に来る欲求は、精神的欲求だったのです。

ここでの精神的欲求とは、「不」の解消、つまり、不安、不満、不便、不足などから始まって究極は、憂鬱や空虚感そして孤独などを解消したり満たしてあげる欲求のことです。

これからの時代は、この「不」の部分の解消をいかに商品やサービスに組み込むかが経営の正否の鍵を握ることになるでしょう。そして、ここで最も重要なことは、この「不」の部分は、人間の「感情」と密接に関係していることだったのです。商品開発や設計の段階からこの「不」の解消を含んだ商品開発が必要になってくるのです。「感情」は快・不快を感じる意識の最も深い部分ですから「不」の部分へ行きつくためにはこの感情経路を通過しなければならない、と言うことです。

これまで見てきたように、価値観の多様化は、生き方の問題そのもので、その目的が人によってまったく違うことを意味しています。

このことは考えてみれば当たり前のことで、この世の中で誰一人として同じ顔、同じ性質はないわけです。このパーソナリティーの違いがあるからこそ社会生活が成り立つわけで、同じ価値観であるほうがおかしいのかもしれません。

価値観が違うからこそ、相手を理解しようと努力するし、相手を思いやる気持ちが芽生えるのです。同じテレビを観て、同じ新聞を読み、同じ物を持って、同じ方向を見た、同じ価値観。

これは怖いことです。

そこに情報操作があったり思想の刷り込みはないのでしょうか（ここの所は別の機会に詳しく述べることにします）。

ここまで、巨大ＩＴ産業が取り得る「データ」の収集手法を見てきましたが、結局、これらの企業が欲しがっていた情報は、人々が感じる「感情」だったのです。

この「感情」を巧みに操作して商品開発に結び付けることが巨大ＩＴ産業の最大のミッションであったことがわかりました。

では、中小零細企業に勤める私達に何ができるのでしょうか。

巨大ＩＴ産業の強みは、大量のデータをバーチャルで集めることでした。では、中小零細企業の強みは何か、と言うと、それは、密に繋がり合える企業とお客様の接点や、それを可能にするリアル情報の集め方です。

バーチャルに対してリアル、大量に対して小数、大雑把に対して密に、これが中小零細企業の重要なキーワードなのです。

さて、ここで、われわれ経理事務員にできることは何なのでしょうか。

数字を理解している経理事務員に、お金の流れを理解している経理事務員、そして、お客様との接点を理解している経理事務員に何ができるのでしょうか。

ここまで繰り返し言ってきたように、経理事務員であるあなたは、会社全体の経営活動の流れ、特にお金の流れを俯瞰して見ることができる絶好の立ち位置にいるはずです。

さらに、素晴らしいことは、中小零細企業に勤めていること自体がチャンスなのです。何が素晴らしいか、と言うと、中小零細企業の仕事の形態は大企業と違って何から何までも一人でこなしていかなければならないのです。つまり、分業化されていないのです。このことは経理事務員であっても例外ではなく、それこそ電話対応からお客様接待、さらに、銀行折衝と多岐に渡っているのです。

だからチャンスなのです。

いいですか、これからの時代「森を見て木を見る」ような経営全体を俯瞰して見て、そこから個別問題を発見できるような人間（これをセンスがある人間と言うのです）しか勝ち残っていかないのです。

もちろん、ここでの個別問題の発見とは、購買行為を支える個人の悩みや問題のことです。

いずれにしても、「お客様の悩みを瞬時に読み取る感性」は、訓練しだいで身に付けることができるし、いつでも感じ取ることができるアンテナを張っていることが重要なのです。

「さぁ～スマホばかり見ていないで外の景色を見るようにしましょう」

第五章　さあ、いよいよ
旅立ちの時です

一　人の痛みは百回経験してもわからない

誰が言ったかわかりませんがこの言葉ほど経営上、的を得た言葉がないように思います。

結局、人の痛みや苦しみは永遠に理解することができない、と言った例えになる言葉ですが、この言葉が経営上重要なキーワードに繋がると同時に現代経営の主流を行く考え方になるのです。

「人の痛みは百回経験してもわからない」から「そんなことに神経を使ってる暇はない」では話が始まりません。なぜ始まらないのかをこれからじっくりと話しますので目をしっかりと開けて読むようにしてください。

いつの時代であっても商売の鉄則は、「お客様を喜ばせる」ことでしたね。

ここは重要な考え方なのでもう一度繰り返すと、経営の第一の目的は、「お客様を喜ばせる」ことなのです。

これ以外に経営の目的などあるのでしょうか。では一体「お客様を喜ばせる」とはどのようなことなのでしょうか。その説明の前に、そもそも人間が抱える苦しみや悩みを大別すると三つしかない、と言った話からすると、人間の悩みごとは以下の三つになると言うことです。

● お金の問題
● 人間関係の問題
● 健康の問題

細かく分類すれば他にもあるでしょうが、ここでは大別したら、と言った意味で解釈してください。お金の問題は経済的な問題という言葉に置き換えることができ、これが商売であれば会社に関わる資金繰りの諸問題と言うことになるのでしょうか。

次に人間関係の問題は、お客様との関わりから始まって最悪の場合は過労死にまで発展する組織間の諸問題のことです。そして最後は健康の問題です。当たり前の話ですが、健康でなければ何も始まりません。しかし人間は病気になって初めて健康のことに気づくのであって、普段の生活の中では健康について無頓着に成りがちです。さて、これらの問題は単独でも起こり得るのですが、現実的には複雑に絡み合って発生することの方が多いのかもしれません。

たとえば、長時間労働から発生するストレスや健康障害の対処法はお金で解決できたり、人員整理によるリストラは必ずお金の問題が絡んでくる、と言った具合です。

それはさておき、なぜ「お客様を喜ばせる」ことの本質的探求の前に人間が抱える諸問題の話をしたか、と言うことですが、それが、お客様が抱える悩みであったり苦しみの根本原因であるからです。そして、そのお客様が抱える問題をどれだけ企業努力によって解決してあげるか。それが結果的にお客様が抱える痛みの消去に繋がり「お客様を喜ばせる」と、言うことになるからなのです。さて、その「お客様の悩み」をどう感じるか、感じ取るか。そこで、この項のタイトルである「人の痛みは百回経験してもわからない」に話を戻すと、人の痛みは百回経験してもわからないのであるから「痛みの発見はやめよう」では話が続かないのです。

もともと企業が販売する商品やサービスは、「お客様の悩みを解消する」ために開発されたものであったはずです。また、別の視点から眺めると、自分自身の悩みや失敗談を自分と同じような悩みを抱えている人に役立ててもらう、と言った発想から、あなた独自の商品やサービスが生まれたはずです。いずれにしても、経営の原点は「お客様を喜ばせる」ことです。そして、お客様を喜ばせる根底を流れる原因は「お客様の悩みや苦しみを消去してあげる」ことだったのです。

さらに、ここから問題なのですが、会社として「お客様の悩みや苦しみ」を感じ取る仕組みが風土としてできているか、という話です。仕組み作りはマニュアル作りではありません。マニュアルは当たり前にやることと、やってはいけないことの区分わけです。そして、仕組みはマニュアルで機能するのではなく社員全員の「感性」によるものが大きいのです。もちろん、ここでの「感性」とは、お客様の悩みなどを感じ取る能力のことです。そして、この能力はスキルなので学習によって身に付けることができるものなのです。よく「感性」は「センス」と言った言葉に読み換えられることがありますが、「感性」は後天的な学習によって身に付けられるものなのです。「センス」と言う言葉を先天的に備わっている技術と解釈するのであれば「感性」は生まれてから後で身に備えることができる後天的な技術なのです。そして、「感性」は感受性または、感覚に伴う感性でもあるのです。経済学の世界が感情で動く「行動経済学」が主流なように、簿記・会計の世界も感情によって動く「行動会計学」が主流になる時代が必ず来ると、私は思っています。では、次ページで、その「感情」の察知の仕方、つまり、お客様の苦しみを感じ取る方法とその「感情」を、どのように簿記・会計に活かすか、と言った話をしたいと思います。

二　お客様の痛みを汲み取る実行計画とは

「人の痛みは百回経験してもわからない」だから経験するのはやめよう。しかし、これでは、経営が成り立たない、と言った話はしました。なぜなら、お客様の痛みを取ることが経営の本質だからです。商売は「お客様を喜ばせる」ことでしたね。そして、お客様が喜ぶこととは、お客様の「不」の部分の解決でした。この「不」とは、不安、不便、不満、不足、そして、不快などのことです。この「不」の解消のために商品やサービスが世に存在するのです。そして、ここが大変重要なことなのですが、人間が抱えるこの「不」の部分を支配しているのは「感情」だ、と言うことだったのです。結局、「感情」をコントロールした企業が生存競争に勝ち残っていけるのです。ですから、巨大ＩＴ産業が躍起になってこの「**感情**」のリスト化を進める意味がわかったのです。

この現象は経営界に止まらず経済も「感情」によって動いていることを研究者によって発表されたのです（これを行動経済学と言います）。経済を動かしている人間行動が性悪説や非合理性で成り立っているのであれば、経営を司るプレイヤーの存在も非合理の世界で成り立っているのです。非合理の世界はそこに「感情」が働くから非合理なのです。

さて、ここからお客様が感じる「不の感情」の読み取り方の話になりますがお客様が感じ取る「不の感情」は二種類ある、と言われています。

一点目は商品やサービスに対するお客様が感じ取る「不の感情」であり、二点目はお客様自身が感じている「不の感情」です。

まず一点日の商品やサービスに対するお客様が感じ取る「不の感情」とは、来店時にお客様が受ける店員の対応や商品そのものに欠陥や故障がある場合の不満のことです。たとえば、あなたも経験があると思いますが、せっかく訪れたのに店の対応が悪く、楽しみにしていた食事が台無しになってしまった、とか、買った機械のアフターサービスが悪く、二度とそのメーカーのものは買わない、と言った「不の感情」のことです。これらの対処法についてはリスク対応などの専門書に譲ることとし、ここでは二点目のお客様自身が感じている不の感情について話を進めて行くことにします。そもそも、お客様自身が感じる「不の感情」とは、私達人間は何かしらの「不の感情」を抱いて生活をしている、と言うことなのです。

ここで再度、「感情」と言う言葉の意味を整理すると、「感情」とは、快・不快を感じる意識のもっとも深いところの側面で、意識の浅いところでは、不安、不満、不足、などで、さらに深い意識のところでは、挫折感、絶望感、劣等感、孤独感、さらに最近よくマスコミに取り上げられる人に認めてもらいたい、と言った承認欲求なども不の感情の代表例になります。

一方、快の感情は、希望、信頼感、達成感、充実感、成長、貢献、成功、そして愛などのことです。このように感情は意識の深いところで存在して人間の行動を支配していることが行動科学の研究によって徐々にわかってきたのです。

人はなぜ行動するのか。もっといえば、人はなぜ購買行動を起こすのか。人々が物やサービスなどを買うと言った行動を起こす根本的な動機づけは何か、ということです。理由なしに人々は購買行動を起こさない（衝動買いであっても動機がある、と言った研究報告もあります）と言った前提に立って人間の行動を見ると、必ずそこに動機があり、その動機を支配しているのが「感情」であったのです。

このように人間の本能にプログラミングされた「感情」は、人間の行動を、「痛みを避けて、快楽を求める」と言ったものに方向づけているのです。私達の行動は意識するしないにかかわらず、不安や恐怖や孤独などを避けて、安心や癒し、そして、安らぎなどの感情を欲するようにできているのです。このような本能的な感情への欲求は、「あれば良し」と言った程度ではなく、この欲求がなければ人間そのものが生きて行けない生残欲求そのものなのです。

ここまでの話で何か見えてくるものはありましたか。

そうです。実は、この「感情」のコントロールこそが、これから企業が永続的に成長・発展するための重要なキーワードになってきているのです。これを証明するかのように巨大ＩＴ企業は、このお客様の「感情」データを必死になって集めているのです。その理由は、お客様の「感情」データをより多く集めたところが世界の市場を制覇することができる、とわかっているからです。この情報データの集め方や分析方法についての詳しい説明は避けますが、いずれにしてもアプリケーション、購買記録、そして検索結果などをバーチャルデータを使って集め、それを「リスト」化にしているのです。この集めた「リスト」をどう使うかは、今更説明する必要もないと思いますが、この「リスト」こそが彼らにとってお金以上に価値のある財産であることは間違いのないことで、これこそが企業価値を決めているのです。

さて、この巨大ＩＴ産業の戦略を、われわれ中小零細企業はどのように利用すれば良いのか、といった核心部分の話をこれからすることにします。とは言っても、われわれ中小零細企業には巨大企業のように資金もデータを集める技術もありません。そんな企業にチャンスはないのでしょうか。

いえいえ、そんなことはありません。中小零細企業であってもしっかりとデータを集め、それをリスト化して経営に役立てる方法はあるのです。

では、ここから中小零細企業でもできるデータの集め方と、その集めたデータの利用の仕方を説明していきたいと思います。

三　理由付けの力

誰しも自分が行った選択に後悔はしたくないものです。

このことは購買行動についても同じことが言えます。たとえその行動が衝動買いであったとしても自分がとった行動に「自己納得」して失敗は認めたくないものなのです。

これが購買行動の本質です。

これは、購買行動の「後付け理論」と言われるもので、商品を買うことやサービスを受けることの行為を一つの「出来事」として捉えるのであれば、この「出来事」を後になってから感情によって「意味」や「理由」を付けることなのです。「出来事」自体には意味がなく、買った後から購入者（お客様）が自由に意味付けをすることができるのです。たとえば、買った商品のスペックがそこそこであっても、その後のアフターサービスや商品説明の対応が素晴しかった（快の感情）ために、熱狂的なファンになってその後の継続購買の重要な動機づけになったりもするのです。逆に、どんなに味が良い飲食店であっても店員の接客態度が悪く（不の感情）、「二度とあの店には行かない」と、言った経験は誰にもあることではないでしょうか。

このように「快・不快」の感情によって購買動機が変わり、購買動機が変われば購買行動が変わる、と言った一連の流れがあるのです。

人間の行動によって起こる「出来事」や「事象」そのものには意味がなく、後になって理由を付けることによって初めてその「出来事」に意味が生じるのです。

人々の出来事の解釈の仕方によってこのように購買動機が変わるのですから、この解釈の方向性を企業がコントロールできればこんなに素晴しいことはありません（恐ろしい面もありますが）。ここでの「解釈の方向性」とは、お客様に、「当店の商品を使っていただくと、こんなにメリットがありますよ」と言ったメッセージを伝えることと、その利便性を感じ取ってもらうことです。もちろん、ここでのメリットとは、「苦痛を除去して快を求める」ことです。当社の商品を利用すると、「苦痛がこんなに除去されて快適な生活が待っていますよ」と、言った感性をコントロールするメッセージは、企業にとって生死を分けるほど重要である、と言っても過言ではないのです。では、どのようにしたらこの「感情」を効率的にコントロールすることができるか、と言った話になりますが、ここでもう一度、巨大ＩＴ産業の戦略を思い出してください。

その戦略とは、数億人単位のお客様の感情をバーチャルによって集め、それをデータ化して商品開発やサービスの有益化に活かす、というものでしたね。しかし、これらの戦略は資源が豊富な巨大ＩＴ企業だからできることであって、われわれ中小零細企業のように、人も物も金もない企業にとって、とてもマネのできることではありません。

では、中小零細企業に打つ手はないのでしょうか。

あります。そもそも、中小零細企業はお客様と深い関わりの中で成り立っている業態ではないでしょうか。深いから中小零細企業なのですね。実は、ここに大変重要なヒントが隠されているのです。先の説明で、すでに当社の商品やサービスを利用していただいているお客様のことを既存客といいましたが、そのお客様はいかなる理由によって当社の商品等を買ってくれて使用しているのでしょうか。

質問を変えます。

お客様はなぜ、わざわざ当社の商品やサービスを買ったのでしょうか。似たような商品等が市場に溢れる中で、あなたの「モノ」や「コト」を買う理由は何なのでしょうか。

このような質問を各企業の社長にすると、決まって返ってくる答えは、

「よくわからない」

「うちの商品やサービスは紹介や口コミが多いからでは」

「広告宣伝が働いているのでは」

と言った、まったく説明になっていない回答が返ってくるものです。これらのことは大変不思議なことであることと同時に非常にもったいない話でもあるのです。

なぜなら、自社の商品が売れている理由がわかっていないこと、そして、もったいない話は、買っていただいた理由をお客様に聞いていないことです（これを機会損失と言います）。当たり前の話ですが、お客様は当社の商品等を何の理由もなしに買ったりはしない、と言うことです。衝動買いや低価格商品など一回限りと言った限定であればよくある話ではありますが、高額商品の購入であったり継続購入の場合は必ずそこに買う理由が存在するはずです。いや、もっと言えば、お客様自身が理由を付けなければならない理由があるのです。

この「理由」は、「意味」や「意義」のことです。

この項の冒頭で商品やサービスを買ったお客様は、その行為が失敗であったことを認めたくないために「自己納得」をする、と言った話をしました。が、購買行動という「出来事」自体には意味はなく、後になってから自分の都合の良いように後付けで意味を付ける、と言ったことなのです。この後付けで意味を付けるときに出てくるのが「感情」であったわけです。その「感情」も、「苦痛を除去して快を求める」と言った人間が本来持っている本質的欲求からきていることが、最近の脳科学の研究によってわかってきたのです。この人間の脳のプログラミングは、「意味」のないことはやりたくないし、やろうとはしない、と言うことです。

結局人間は「意味」のないところには向かわない。「意味」のないことは行動しない。「意味」を付ける動物なのです。つまり、人間は「意味」にフォーカスするようにできているのです。

この視点に立って購買行動を眺めてみると、経営の主目的は「お客様を喜ばせる」ことですからこの「喜ぶ」といった感情に訴えるには、商品やサービスにどのようにして感情を乗せ、いかにしてその感情を伝えるかに全神経を使わなければならないことかがわかったのです。

この「意味付け」のたとえとして、経営コンサルタントの小坂裕司氏がその著書の中で大変興味深い文章を書いているので、ここで紹介したいと思います。

その文章はこんな感じで始まっています（多少文は長いのですが、非常に参考になるので読んでみてください）。

フランクル心理学の基礎になっています。

そこで彼が見たものは、人が「生きる意味」に向かう力でした。

ビクター・フランクという心理学者をご存知ですか？

この方は、「フランクル心理学」という概念と手法を創始なされた方ですが、彼は自分の心理手法を「ロゴセラピー」と呼んでいました。「ロゴ」とは「ロゴス」の意で、まさしく「意味」ということです。

彼は、第二次大戦中、アウシュビッツなど、いくつかの強制収容所に収容されていた経験があります。もともと名の知れた心理学者だったんですが、そんな心理学者の目を持ってアウシュビッツの日々の中で気付いたことが、その後の地獄のような環境、そして「明日は自分たちがガス室行きか」とおびえる毎日。

そんな環境の下で、どういう人が生きながらえたか。

体格のいい人か？　違う。

健康な人か？　違う。

それは、「生きる意味」を失わなかった人だ。

どういうことか。彼の収容所時代の体験を基にした著作『夜と霧』にあるエピソードを紹介しましょう。

ある二人の囚人が、絶望的な収容所生活の中で、「もはや人生から何ものも期待できない」と自殺を決意した。

この二人にフランクルはこう問いかけた。

『たしかにあなたは、人生にもう何も期待できないと思っているかもしれません。人生の最後の日がいつ訪れるとも限らないのですから、無理もない話です。けれどもう一方で、人生のほうは、まだあなたに対する期待を決して捨てていないはずです。あなたを必要とする何か、あなたを必要としている誰かが必ずいるはずです。そして、その何か、や誰かはあなたに発見されるのを待っているのです』

この言葉を聞いて二人の囚人は、自殺を思いとどまった。

一人は、彼が深い愛情を持っている一人の子供が外国で彼を『待っていた』ことに気付き、またひとりは、科学者としてあるテーマの著作シリーズを書いており、それはまだ出来上がらず、その完結を『待っていた』ことに気付いたからだったのです。彼らは、自分たちを『待っている』ものに気づいたとき、生きる力を得たのです。

なぜ生きるか　—　そのことをフランクルは「個々の存在に『意味』を与える」と書いています。

このような彼が見聞きした事実が
「人間は意味を求める存在」そして「『意味』があるということが、人間の生きる力を発動させる」

ということを見出して、それを基礎にした心理学を生んだのです。

まさしく「意味」は、人の生きる力を発動させるのです。

小坂裕司著、「仕事ごころに」にスイッチを！フォレスト出版（株）、二〇〇二年八月三一日、初版発行、八六ページ～八九ページ、より

いかがでしたか。

多少、文が長くなりましたが人間が生きて行くために「意味」が必要である、と言った大変興味深い説明文であったのでここで紹介してみました。

いずれにしても、生きる意味を失わなかった人だけが生き延びることができた、ということだったのです。

会社経営もこれと同じであって、商品やサービスを開発・製造するには必ずそこに「意味」

が存在するし、販売活動にも「意味」が存在するものなのです。

世界のトヨタであっても、「なぜ」を五回繰り返すことが会社の慣習になっている、と言われていますが、中小零細企業であっても、お客様との深い繋がりによって発見される「なぜ」があるはずです。もちろん、ここでの「なぜ」は、お客様が抱える「不の感情」をどのようにしたら解消してあげられるかが出発点になっていなければなりません。この「なぜ」を極めて、自社商品やサービスに活かされたときに初めてあなた独自の強みを持った商品や会社ができ上がるのです。そして、その推進役は、経理事務員であるあなたがやることなのです。

四　この指とまれ

経営上、重要な戦略の一つに「属性化」といった概念があります。この「属性化」を平たく言えば、「同じ価値観を持った人が集まる」と、言うことです。当たり前の話ですが、病気になれば誰しも病院に通って治療を受けますね。これは、病気を患うと言った共通の痛みを抱える人が病院に集まる、と言った特性があるのです。決して健康な人は病院には通いません。さらに内科から心臓科や腎臓科にと病気特性に合わせて細分化が進むことになるのです。この病気の細分化は、治療方針や原因の特定化のためには大変重要なことなのです。なぜなら、心臓病と腎臓病ではその治療方法が全く違うしその病気の原因も違うはずです。ですから、病気の特性化や細分化が必要なのです。

これと同じように経営の世界でも「属性化」の問題は非常に重要な意味をもってくるのです。

販売促進の一例として広告宣伝を考えてみることにしましょう。

会社であれ個人であれ自分の強みを活かして商売をやっていくのが経営の鉄則ですが、その強みを買っていただくお客様を見つけ出すことはそれ以上に重要な鉄則の一つになるのです。

なぜなら、自分の強みを活かした商品は、お客様に認めてもらい買っていただいて初めてその強みが強みとして活かされるからです。このように考えると、経営にとって商品開発以上にお客様を見つけ出す方が重要であり、かつ難しいものなのです。しかし、難しいからと言ってここで引き下がっては経営が成り立たないことは十分に理解しているつもりですが、ただ、そのアプローチの仕方、つまり、どうやって自社の商品に興味があるお客様を見つけ出すか、と言うことです。

経営は、『誰に何を売るか』の連続ですが、ここに、「どのように」と言った言葉を加えて「誰に何をどのように売るか」と言ったにことになるのです。もちろん、ここでの「誰に」の部分はお客様のことで、「何を」は商品であり、「どのように」は売り方の話になります。さらに、お客様は新規のお客様（見込み客）と既存客に細分化することができます。ここでのお客様の細分化は、その後の「どのように売るか」に関わってくる重要な細分化になります。つまり、「どのように売るか」の中味はほとんどがアプローチの仕方ですから新規のお客様と既存のお客様ではその対応が全く違ってくるのです。このアプローチの仕方については後ほど詳しく説明することにして、まず最初に既存客の攻め方から説明することにしましょう。

ここでの既存客とは、すでに商品やサービスなどの提供を受けたお客様、すなわち、購買履歴のある、または、購買進行中のお客様のことを指しています。あなたの強い「こだわり」に惚れて集まってきた人々が一つのコミュニティを形成してそこで何かを掴み取って何とか時代に取り残されないように必死に食らいついているのです。

これが私が感じている中小零細企業に集まるお客様のイメージです。この強い「こだわり」を仲介してのお客様との深い繋がりを最大の武器にする。これが中小零細企業である弱者の戦い方になります。私は、この中小零細企業の戦略を、巨大ＩＴ産業が取っている「バーチャルデータ収集法」に対して「リアルデータ収集法」と呼んでいます。

巨大ＩＴ産業が大量の資金を使って数億人単位のお客様情報を集めているのに対して、お金も人もいない中小零細企業が取り得る戦略は、「身近にいる既存客の情報を集める」と言った方法です。あなたの既存のお客様は、あなたの「こだわり」に惚れて集まった「属性化」されたお客様なのです。この「属性化」されたお客様は、バーチャル情報から集められたお客様とは比較にならないほど深く繋がったお客様であると同時に、中小零細企業独自のコミュニティで集まったお客様は、他では絶対にまねのできないあなただけの価値を認めたお客様が集まっているのです。

では、次ページにおいてお客様との深い関係の作り方やお客様情報の収集についての話をして行くことにしましょう（リアル情報の収集の仕方です）。

五　お客様への最高の質問

あなたの「こだわり」に魅了されて集まったお客様は会社にとって最大の財産です。たとえそのお客様が現状の財務諸表では資産として認識されていなくても、会社にとって生き残って行くための生命線なのです。当たり前の話ですが、お客様がいなければ会社は成り立たないしそこで働く社員の生活も成り立たないのです。そのお客様の呼び方が「見込み客」であろうが「既存客」であろうがお客様はお客様です。ですから、経営に関するすべての学問は、このお客様との関わりでの沿線上で考え出された理論体系でなければならないし、お客様を忘れた理論があってはならないのです（研究対象の学問に人間らしさを加えることです）。

また、お客様はあなたの「鏡」そのものなのです。あなたをより深く理解したいのであれば、あなたと付き合っているお客様を見れば良くわかります。あなたのもとに集まってくるお客様は、あなたの熱意に侵された人々です。そのお客様と、価値観を共有し、たまには共謀者になっていただいて、あなたの財産目録の顧客リストにお客様の数を増やし続ける協同作業者なのです。それが会社が絶滅せずに生き延びるための秘策であり、あなたの会社の存在理由なのです。

さて、ここまでの話の流れからもう一度、既存客の整理をすると、既存客とは、すでに当社の商品などを買っていただいてその商品を使っていただいているお客様のことでした。その頻度が上がるごとに、一見さんからハードなお客様へと進化するのです。そして、これらのお客様はある共通の価値を感じて集まってきたお客様だったのです。その、ある共通の価値観を列挙するとすれば、商品やサービスの特殊性・希少性・短納期そして、多品種少量生産などの対応であったり、アフターサービスや店の雰囲気、接客態度などに価値を感じて集まってきたお客様のことでした。

このように価値観別にお客様を細分化したものが「属性化」でした。そして、この「属性化」は売り手である企業側が独自に考え出した細分化でした。

私は以前にこんな経験をしたことがあります。

私が提供するサービスは、経験と独自の視点から考え出された特別のサービスで、この理論の検証を私の言うとおりに実行さえしていただければ必ず思いどおりの結果が得られる、と自信を持って販売したサービスでありました。後日、実際に買っていただいたお客に買った理由を尋ねたことがありました。

「なぜ、他者ではなく私からこのサービスを買ったのですか?」

と言った買った理由の質問でした。

そして、お客様から帰ってきた返事は、

「近くにあったから」と言ったものでした。

この返事には、驚きと大変ショックを受けたことを今でもはっきりと記憶しています。なぜなら、これだけ自信を持って販売したサービスを「このサービスが素晴しいと思ったから」ではなく、「近くにあったから」だったからです。しかし、お客様の感情とはこんなものかもしれません。と、思った瞬間でもありお客様の欲求感情を企業側の一方的な考えで決めてはいけない、と言った事例の一つでもありました。確かにお客様の「近くにあったから」の感情の裏には、近くにあるとアフターサービスやその後の打ち合わせに何かと便利、と考えていたかも知れませんが、お客様から出た第一声は「近くにあったから」だったのです。後日談になりますが、このお客様とは今でもお付き合いさせていただき、ハードなお客様として大変お世話になっています。

この時の教訓は、商品やサービスを買っていただいた直後に必ずお客様に次のような質問をすることです。

「なぜ、当店の商品を買ったのですか?」

私は、この質問を「魔法の質問」と呼んでいます。

人は誰しも商品やサービスを買ったその瞬間に感情のピークを迎えるといわれています。

つまり、こう言うことです。

購買行動の結果には必ずそこに理由が存在します。それが、たとえ衝動買いであったとしても買うには買うだけの理由があるのです。また、人間は、自分が買った商品について後悔を避けるために、後付けで良い感情を持ってくるように意味付けをするものなのです。この思考回路によって「買って良かった」と、言った感情を植え付けて「自己納得」するのです。この感情の流れは、好き嫌いに関係なく、ある一定の行動心理によって動いているのです。それが、「痛みを避けて快楽を求める」と、いうことだったのです。

この人間の行動は、購買行動に限らず、人間が生きて行くための本能に備わった行動心理だったのです（脳にプロミングされている、と言うことです）。人間の行動を決定付ける動機を支配しているのは、快・不快を求める「感情欲求」だったのです。

だとすると、各企業はお客様の「不の感情」をいち早く汲み取って、そのお客様が抱える「不の感情」を、どうしたら解消してあげられるかを真剣に考えなければならないのです。その突破口が「魔法の質問」だったのです。

六　経理事務員の存在意義

私がこの本を書きたかったのは、ビジネス（特に簿記・会計）の重要な部分の何かが置き去りにされているから、と感じたからです。

この現代社会において、経営学の分野ほど研究されつくされた学問はないように思われますが、一方で、倒産や廃業する企業が後を絶ちません。

経営理論にマーケット理論、組織論に経営戦略論、そして、経営管理論に簿記・会計論など。数を上げればきりがないほどこれらの学問に時間とエネルギーが費やされているのに、この世の中から姿を消す企業が減らないのは何かおかしくないか、と言った疑問を抱くのは私だけなのでしょうか。

経営のプロには「やること」が多すぎます。新しい製品の開発や、生産管理、チャネル問題や物流システムの問題、メインターゲットや価格設定、そして、これらの認識や測定問題など……。さらに、ビジネスの世界の動きは速く、それこそ秒単位です。だから、私達は一生懸命走り続け、最先端の理論や技術にしがみついているのです。しかし、この努力も虚しく、この経営の世界から脱落して行くのです。

私がこの本を書いたのは、私達は「もっと上手くやれる」と、思ったからです。「もっと広く」や「もっと深く」だけではなく、自分達がやっていることは「何か」を深く考えるためでした。もっと言えば、経理事務員は「何のために存在するか」と言った問い掛けでもありました。

この問い掛けがなければ「数字を生業とする自分の存在」が否定されるようで怖かったからです。

大学で教鞭をとっていた時も、学生諸氏にはことあるごとに「簿記・会計という学問は何のために存在するのか」とか「数字を生業とする職業会計人は何のために存在するのか」と、言った質問を良くしたものですが、この質問は自分自身に対する問い掛けでもあったのです。

簿記・会計と言う学問は、決して決算報告書を作るルールや仕組みだけを学ぶ学問ではなく、お客様の購買行動から判断する考え方であったり、姿勢であったり、人々との関わり方を研究する学問なのです。

と、言った説明をすると必ず学生諸氏から私に次のような質問が返ってきます。「先生は、未来の簿記・会計はどうなると思いますか。」

私も学生諸氏と同様に神様が答えるような回答を持ってはいませんし、未来を占うことなどできませんが、次の点だけは自信を持って答えることができるのです。

それは「お客様のことを考える」と、言うことです。

このことは、本書のテーマでもあり簿記・会計の本質でもあったのです。お客様がいなければ会社は成り立たず、会社が成り立たなければ簿記・会計の存在理由を見つけることはできないのです。

ただ、このお客様は非常に人間的で内面の複雑さを兼ね備えた人々です。さらに、気に入らなければすぐに浮気をしてしまう人々です。このお客様とどう付き合って行くか。この深い探求こそが企業活動の原点であったのです。そして、このお客様からの評価や金銭的な授受を認識したり測定したりするのが簿記・会計の最大の目的であったのです（実行責任者はあなた）。

おわりにの前の前夜

おわりにの前に、ここまでの話の総復習をします。

企業行動は、行動計画を立てて、その計画に従って行動を起こし、その行動に修正が必要であれば適正な修正を行って、さらに思い通りの結果を出すために再行動をする。企業行動はこの行動の繰り返しです。さらに、この企業行動の結果はすべて数字によって現れてくるのです（正確には、財産などの増減があった場合です）。

この一連の流れ、すなわち、計画（plan）↓行動（do）↓検証（check）↓再行動（action）の行動原理の中で計画にしても計画にもとづいた行動にしても、そこに必ず行動を起こすための「動機付け」が必要である、と言った話は繰り返ししてきました。そして、この「動機付け」を支配しているのが人間が本来持っている「感情」と深い関わりがあることもわかりました。

これまでくどいほど経営活動の結果はすべて数字によって現わされる、と言ってきました。いや、もっと言えば、資本主義経済の産物として誕生した複式簿記の世界では、数字でしか企業の業績を評価する手段はないのです。しかし、企業行動を支配している「感情」をすべて数字によって評価することは現状では不可能なのです。

「感情」によってお客様の購買行動が変わる。そのお客様の行動をリスト化した情報は、現在の貸借対照表（バランスシート）では資産計上が認められていないのです。これが、現状の資本主義経済の限界点かもしれません。しかし、この限界点を横目にテクノロジーを使った産業はその成長・発展を止めることを知りません。特にアメリカのＧＡＦＡ（グーグル・アップル・フェイスブック・アマゾンのことです）を代表とする巨大ＩＴ産業は無料のアプリケーションを使って大量にお客様情報を集め、そのお客様の購買行動の分析結果をリスト化しそのデータを経営戦略の柱として使用した結果、常識では考えることができない莫大な売上高を計上しているのです。しかし、その巨大ＩＴ産業を羨望のまなざしで見ていても事は始まりません。その戦略をそっくりそのままパクってしまおう、というのが本書のテーマの一つでもあり、その幹事役が経理事務員であったのです。この取り組みは経理事務員にとってまたとないチャンスになります。ただでさえ数字を扱う部門の人達は、他部門の人達と接したり調整役を引き受ける場面はそう多くはないと思います。だからチャンスがあるのです。そして、その戦略の組み立て方は次のようなものでした。

「お客様情報の収集はすべてインターネットから」これが巨大ＩＴ産業の戦略の特徴の一つ

でもあります。無料のアプリケーションから企業側にとって必要な購買行動の情報を聞き出す手法です。そこには、職業、年齢、趣味、嗜好、購買頻度など企業側に取って必要な情報があるのです。これらのお客様を属性化した情報を握っていればお客様を無視した商品開発や製造がなくなり、ある程度ピンポイントで商品などをお客様に販売することができる、と言ったロジックが成り立つわけです。これらの手法は別に巨大ＩＴ企業の専売特許ではなく、今の時代であればどこの企業でもやれる手法であり、特段、トピックスになるようなことではないのです（たとえば、インターネットなどを使うことです）。

売る前にお客様情報をしっかりと調べてから製造や販売の計画を立てることは、経営をやるものとしては当たり前の行動原理です。まして、今の時代は効率性を重視する時代でもあります。限られた経営資源をいかに効率良く経営に反映させるかが問われている時代でもあるのです（リスクを知れば経営を支配できる）。

お客様情報も然りです。

お客様の購買行動や消費行動も時代の流れとともに多種多様になり変化しているのです。したがってお客様情報も以前と同じように、性別、年齢、職業、年収などの情報だけでなく、さらに深く踏み込んだ価値観、こだわり、承認欲求、自己実現などのように人間が生きて行くために必要な情報が求められるようになってきているのです。では、その深い感情に関わるお客様情報を受け取った企業は何をするか、と言うと、当然のように企業が販売する商品やサービスに、お客様の価値観など感情を刺激するものを加える、と言うことなのです。

これからの企業、特に中小零細企業においては、お客様をワクワク・ドキドキさせたり感情を揺さぶるような仕掛けをした商品なりサービスを開発し販売し続けなければ生き残って行くのに大変苦戦することになるでしょう。

ただし、中小零細企業には、この深いお客様情報を集めるための絶好の立ち位置にいることだけは確かなことです。数少ないお客様ではあるが「その繋がりは深い」。これが中小零細企業の特徴でもあり得権でもあるのです。たった百人のお客様であってもその繋がりは「家族ぐるみ」と言った関係性は、大企業ましてや巨大ＩＴ企業がやっているインターネットからのバーチャルデータだけのお客様情報では絶対に築くことができない関係性なのです。そして、この構築のために一役買って出ることができるのが、会社のお金の流れやお客様との関係性を俯瞰することができる立場にいる「経理事務員の存在」だったのです。

経理事務員の人達は経営の流れが良くわかっている人達です（たまにはわかっていない人もいますが）。なぜなら、経営は行動計画→行動→検証→再行動と言った一連の流れを数字（お金）によって評価したものだからです。そしてこの重要なシーンのどの場面においても経理事務員が深くかかわっているからです。

特にお客様との関わりは重要です。たとえば、お客様との関わりが深い部所といえば営業部や販売部を思い浮かべる方が多いでしょう。確かにお客様との接点を考えればこれらの部所が一番接触回数が多いのは事実です。しかし、接触回数に関わらず、さらに重要なことは、売った商品やサービスの後の請求確認や入金確認なのです。

通常この作業の関係部所は経理部門が想定されますがそこでのお客様との接触態度が問題なのです。「売った商品の代金請求は当たり前」と言った態度でいたらお客様はどう思うでしょうか。私なら決して気持ち良くはありませんし、ハッキリ言って「不愉快」です。なぜなら、買った商品の代金の支払いは当たり前のことですが、その前に「何か言うことはありませんか」と、言うことです。

ここで社交辞令の言葉をいただきたいわけではありません。

いつも不思議に思うのですが、私は今までに挨拶文、振込金額、そして、振込先銀行だけが記載された請求書しか受け取ったことがありません。なぜ、ここでもっと気の利いたコメントやメッセージを載せることができないのでしょうか。また、お客様が感動するコメントを添えたりカッコよくて素晴らしいデザインの請求書などを作って発行することを考えないのでしょうか。

私は以前にこんな経験をしたことがありました。

それは、職員の年末調整を処理しているときでした。ご存知のように年末調整事務は一年間の所得の合算が原則です。つまり、中途採用の職員は前の職場の所得証明書と新しい所の所得証明書を合わせたところで改めて税金（所得税）の計算をし直す、と言った制度です。当然のようにその職員は前の職場から所得証明書（源泉徴収表）を送ってもらわなければならないのですが、その時の相手先から送られてきた所得証明書に添えられてきたコメントに感動したことがありました。そこには、「何かの縁があって当社に勤めていただいた感謝の気持ちと、さらに、その職員が成長することを陰ながら応援しています」と言った文章仕立てのコメントが添えられていたのです。

私はこの手紙に大変感動したことを今でもハッキリと覚えています。

聞くところによるとこの会社は、辞めた職員全員にこのような手紙を送っている、と言うことでした。この話は所得証明書の話でしたが、これを毎月発行する請求書に置き換えることはできないのでしょうか。このようなお客様との接触は、請求書などの発行だけではなく電話対応でも同じことがいえます。

「お宅の会社の経理は、いつも感じがいいですね」とか、「お宅の会社の経理と話をすると元気をもらえますね」と言ったことをお客様や得意先企業から言わすことはできないのでしょうか。このような対応をされると商品やサービスがそこそこであっても、感動的な商品に見えてしまうのが人情というものです。

そうではありませんか。

結局は、お客様を想う気持ちと自分たちの生活を支えてくれているのは誰か、と言うことがわかっているかどうか、と言うことなのです。

経理事務員の仕事は、経営活動の結果をスピードと正確性（ここに誠意を加えます）をもって数字によってまとめ上げ、その結果表を内外に報告することであることは再三話してきたとおりですが、しかし、その前に、お客様の喜ぶ顔と経理部門以外の他部門の協力や努力があって初めて数字がまとめられ、数字が数字として意味や意義を持つようになるのです。

数字は行動があって初めて認識され測定されるものですがその行動を決定付けるものとして動機があり、さらに、その動機は感情によって支配されている、と言うことでした。このことが「数字の裏を読む」と、いうことの本来の意味なのです。そして、さらに付け加えるとすれば、他の部所や部門の仕事のことを良く理解するように努める、と言うことです。なぜなら、数字は、それ単体だけでは「無力」だからです。数字を作り出すために、他部門の人達の協力を得ながらあなたが後方応援部隊として数字を作り上げて行く、これが作品として最高の決算報告を作る仕事になるからです（決算報告書の作成は全従業員の協同作業）。

おわりに

ここまで読んでくださってありがとうございました。

いかがでしたか？何か「気づき」を得ることができましたか？

いずれにしても、この混沌とした世の中を生き抜いて行くことは並大抵のことではありません。

高度成長は終わり、終身雇用や年功序列がなくなり、年金制度までも怪しくなりつつある経営環境の中で私達は、何を頼りに何を信じてどこに向かって生きて行けば良いのでしょうか。

私は、この本を通して「経理事務員であってもスターになれる方法」を様々な視点から話をしてきました。この考え方は今でも色褪せてはいないと思っているし、現に多少なりとも私の価値観が世間的に受け入れられつつある、と感じているところです。それも、これも、出発点は「経理事務処理に対する無力感」からでした。

繰り返し言ってきたように、経理事務員の仕事は「事後処理」の作業です。企業活動の結果を後になってから数字によって処理する「後追い業務」が基本です。この作業から将来を予測することの難しさや、そもそも、経営事象の後付け理論などはいかようにも解釈することができる、と言った無力感を感じながらの仕事であったからなのです。

「数字をもっと役に立つものに利用することはできないのか」と、言った問い掛けは、必ず経理事務員の地位向上に繋がると思いつつ、簿記・会計学の既存の学習法からは、この解答を見つけることはできなかったのです。

そしてこの問題提起から偶然出会ったのが「行動科学」という学問だったのです。

行動科学とは、人間の行動に焦点を当てた学問で、人間の行動が観念的、情緒的と言った「精神論」に走りがちな理論体系を人間の行動に焦点を絞り、その行動原理を実験や検証の繰り返しによる科学的データに仕上げたものだったから具体的で再現性のあるものだったのです(誰がやっても同じ結果になると言うことです)。

この行動科学と会計の融合は衝動的なものでした。

なぜなら、企業行動の結果が数字によって表現されるためのルール作りが簿記・会計という学問であるならば、行動を決定付ける「動機付け」を論究して行くのが行動科学であったからです。さらに、この学問の学習によって企業行動の裏付けを理解したり、もっといえば、企業行動そのものをコントロールすることが可能ではないか、と言った仮説が成り立つのではないのか、と思ったのです。

これらは考えてみれば至極当然のことであって、法人と言う組織体は、人間の集まりであり、この人間の行動を理解すれば企業の行動を予測することができる、と言ったロジックが成り立つからです。

この効用の最大化は巨大ＩＴ企業の利用を見れば納得のいくことだし、この応用編が「中小零細企業」にも、と言うのが本書のテーマでもあったのです。もちろん、ここでの推進役は経理事務員であるあなたの役目であったのです。

この簿記・会計という学問と行動科学という学問の融合はまだ発展途上であり、理論体系が確立されているわけではありません。また私一人の努力によって成し遂げられるものでもないことは十分承知しているところです。ですから、皆さんの知恵が必要になってくるのです。

特にお金を扱いながら現場で格闘している経理事務員の知恵は絶対に必要になってくる、と思っています。

この経理事務員たちの悩みや苦悩を汲み取って理論体系にまとめ上げることができれば、これほど強力な理論武装はないと思うし、赤字経営で苦しむ中小零細企業に多少なりとも貢献できるのではないか、と考えているのです。

どうか頑張ってください。そして、あなたの経験知を貸してください。

後処理専門の間接部員であった経理事務員が、明日から「スター」になるための階段はすでに用意されているのです。後はあなたの行動あるのみ。さらに、あなたが「スター」になった暁には、あなたが勤める中小零細企業は、他に類を見ない永続的な成長企業に姿を変えているはずです。

一緒に頑張っていきましょう。そして、あなたのご健闘をお祈り申し上げます。ありがとうございました。

最後になりましたが、いつも私を支えてくれている根本寛也君と山本由美子さん、そして、㈱ゲームシストの設楽直伸さんに感謝するとともに、出版のチャンスを作っていただいた峯村英治さんに、心より感謝の意をあらわします。

二〇二〇年　四月七日

著者　佐藤　克行

【参考文献及び引用文献】

はじめに

● P・Fドラッカー『ポスト資本主義社会―二一世紀の組織と人間はどう変わるか』ダイヤモンド社、一九九九年九月一〇日、二一版発行

第一章

● 田中弘『会計学の座標軸』税務経理協会、二〇〇一年五月一日
● 岩崎勇『IASBの概念フレームワーク』税務経理協会、二〇一九年五月一日、初版第一刷発行
● 友岡賛『会計学原理』税務経理協会、二〇二〇年七月一日、初版第七刷発行
● 加登豊『管理会計入門』日本経済新聞社、一九九九年八月九日
● 加登豊・梶原武久『管理会計入門』日本経済新聞出版社、二〇一七年六月二三日、二版一刷
● 西沢脩『管理会計を語る』(株)白桃書房、一九九九年一〇月二六日、第五版発行
● 浅田孝幸共著『管理会計・入門』有斐閣アルマ、二〇〇七年十一月二〇日、新版第四刷発行(補訂)
● 木村剛『会計戦略の発想法』(株)日本実業出版社、二〇〇三年七月二五日、第三刷発行
● 宮田矢八郎『経営学百年の思想マネジメントの本質を読む』ダイヤモンド社、二〇〇一年二月一六日、初版発行

●トム・ピーターズ『トム・ピーターズのサラリーマン大逆襲作戦①』（株）阪急コミュニケーションズ、二〇〇九年二月二日、初版第一四刷

第二章

●メアリー・バフェット&デビッド・クラーク『バフェットの財務諸表を読む力』徳間書店、二〇〇九年三月二一日

●ジム・ロジャース『お金の流れで読む日本と世界の未来、世界的投資家は予見する』（株）ＰＨＰ研究所、二〇一九年二月二八日、第一版第四刷

●柴山慎一共著『実践バランス・スコアカード』日本経済新聞社、二〇〇一年二月二三日、一版一刷

●大沼長清『教科書のウソ・会計編』（株）ぎょうせい、一九七七年五月一五日

●川田剛『会計と税務のズレ！』（株）千倉書房、二〇一〇年五月一五日、初版第一刷発行

●村田直樹共著『複式簿記の基礎』税務経理協会、二〇一八年六月一五日、初版第一四刷発行

●船橋健二編著『図解　中小企業の経営分析〔三訂版〕』税務経理協会、二〇一八年九月一五日、三訂版第七刷発行

●門田安弘編著『セミナー管理会計』税務経理協会、二〇一九年一〇月一日、初版第二刷発行

第三章
●トム・ピーターズ『トム・ピーターズのサラリーマン大逆襲作戦③知能販のプロになれ！』（株）阪急コミュニケーションズ、二〇〇六年三月一五日、初版三刷
●永井孝尚『百円のコーラを千円で売る方法』（株）中経出版社、二〇一一年一一月
●理央周『「なぜか売れる」の公式』日本経済新聞出版社、二〇一八年六月二八日、第二刷
●友岡賛『なぜ「会計」本が売れているのか？』税務経理協会、二〇〇七年一〇月九日、初版第一刷発行
●佐藤知恭『〈イラスト版〉顧客ロイヤリティの経営』日本経済新聞、二〇〇〇年四月一七日、一版一刷

第四章
●読売新聞、朝刊、二〇一九年二月一四日（木）
●ヤンミ・ムン『ビジネスで一番大切なこと―消費者のこころを学ぶ授業』ダイヤモンド社、二〇一〇年一〇月二二日、第五刷発行
●ジェフリー・ムーア『キャズム』（株）翔泳社、二〇〇九年二月五日、初版第一三刷発行
●佐藤航陽『お金2・0新しい経済のルールと生き方』（株）幻冬舎、二〇一八年一月三〇日、第七刷発行

第五章

● マイケル・ボルタック著、堀江信宏訳『目標・達成する技術』フォレスト出版（株）、二〇〇九年二月二日、七刷発行

● 石田淳『行動科学を使ってできる人が育つ！教える技術』（株）かんき出版、二〇一一年一一月二一日、第九刷発行

● 石田淳『続ける技術』フォレスト出版（株）、二〇〇七年六月八日、八刷発行

● 小阪裕司『「仕事ごころ」にスイッチを！』フォレスト出版（株）、二〇〇二年八月三一日、初版発行

● ジム・ロジャース著小里博栄取材・翻訳・監修『日本への警告米中朝鮮半島の激変から人とお金の動きを見抜く』（株）講談社、二〇一九年七月一八日、第一刷発行

著者紹介

佐藤　克行（さとう　かつゆき）

1953年北海道の旭川で大工をしていた父の長男として生まれる。

母方の先祖は東北地方（現在の山形）でわが国で初めてとされるデパートの前身である総合商社を開業し繁盛した（当時の写真は残っている）。その血を引いているためかかなり商魂だましい旺盛である。

大学卒業後一貫して経理業務に従事する。その45年の間の会社の会計監査は500社を超える。特にその会社のうちの80社余りには，財務取締役または経営まで携わる。その経験から導き出される信条は「会社は資金繰りに始まって資金繰りに終わる」と言うことである。このメッセージを伝えるため書籍，商工会議所コラム，大学の講義，そしてセミナーなどで発信中である。

大東文化大学経営大学院卒業
倒産アラーム（株式会社オフィス佐藤）代表取締役
元明星大学非常勤講師
現在，実務簿記学校（士學舎）学院長
商工会議所登録専門家（soraコラム出筆中）
税理士資格取得

研究テーマ
行動会計学（意思決定と洞察理論）
倒産予測モデルの開発（特許申請予定）

著書
会社の金欠病を数字で治す資金繰りの達人（ギャラクシーブックス）

倒産アラーム　メールアドレス
nemotohiroya@tousanalarm.com

士學舎　メールアドレス
tokyozeiken@ezweb.ne.jp

著者との契約により検印省略

令和2年8月13日　初版第1刷発行

経理事務員は，なぜ
スターになれないのか？
これから経理事務員の
逆襲が始まる

著　者　佐藤克行
発行者　大坪克行
製版所　税経印刷株式会社
印刷所　有限会社　山吹印刷所
製本所　株式会社　三森製本所

発行所　〒161-0033 東京都新宿区下落合2丁目5番13号　株式会社 税務経理協会
振替 00190-2-187408　電話 (03)3953-3301（編集部）
FAX (03)3565-3391　(03)3953-3325（営業部）
URL http://www.zeikei.co.jp/

乱丁・落丁の場合は，お取替えいたします。

ISBN978-4-419-06731-1 C3034